중국어, 이젠 즐기세요!

www.booksJRC.com

『퍼스트 중국어』는 중국어 1등 학습 내비게이션으로,
중국어 학습자 여러분이 중국어의 달인이 될 수 있도록
가장 쉽고, 재미있고, 효과적인 중국어 학습의 길로 인도해 드립니다.

쉽고 재미있게 배우는 중국어의 정석!

중국어 회화 시리즈

회화의 기본 표현 마스터
생생한 표현과 살아 있는 문장 수록

스피킹 중국어 시리즈
입문·초급

| 스피킹 중국어 첫걸음 | 스피킹 중국어 첫걸음 Level up | 스피킹 중국어 입문 | 스피킹 중국어 초급 上 | 스피킹 중국어 초급 下 |

고급 프리토킹 능력 습득
주제별 회화 학습 가능

스피킹 중국어 시리즈
초중급·고급

| 스피킹 중국어 실력향상 | 스피킹 중국어 중급 上 | 스피킹 중국어 중급 下 | 스피킹 중국어 고급 上 | 스피킹 중국어 고급 下 |

재미와 감동, 문화까지 독해
어법과 어감을 통한 작문
이론과 트레이닝의 결합! 어법
60가지 생활 밀착형 회화 듣기

맛있는 중국어 기본서 시리즈

| 맛있는 중국어 독해 ❶·❷ | 맛있는 중국어 작문 ❶·❷ | 맛있는 중국어 어법 | 맛있는 중국어 듣기 |

제대로 알고 쓰는 간체자
정확히 알고 말하는 필수 단어

맛있는 중국어 쓰기·단어

| 맛있는 중국어 간체자 391 | 맛있는 중국어 필수 단어 1400 |

중국어 1등 학습 내비게이션

퍼스트 중국어

JRC 중국어연구소 기획
김준헌, 왕혜경 저

2

맛있는 books

퍼스트 중국어 ❷

초판 1쇄 인쇄	2020년 12월 1일
초판 1쇄 발행	2020년 12월 10일

저자	김준헌 l 왕혜경
발행인	김효정
발행처	맛있는books
등록번호	제2006-000273호
편집	최정임 l 전유진 l 조해천
디자인	이솔잎
제작	박선희
영업	강민호 l 장주연
마케팅	이지연
일러스트	뚜잉

주소	서울 서초구 명달로 54 JRC빌딩 7층
전화	구입문의 02·567·3861 l 02·567·3837
	내용문의 02·567·3860
팩스	02·567·2471
홈페이지	www.booksJRC.com

ISBN	979-11-6148-050-3 14720
	979-11-6148-048-0 (세트)
정가	15,000원

정치, 경제, 사회, 문화 등 거의 모든 분야에 걸쳐서 중국은 지난 10년보다 앞으로 10년 혹은 더 긴 세월을 좋든 싫든 우리나라에 거대한 영향을 미칠 것입니다. 그런 중국과 이웃하고 있는 우리나라에서 중국을 연구하고 중국어를 열심히 공부해야 하는 것은 어쩌면 운명이라고 하겠습니다.

그런데 중국어는 배우겠다고 어렵게 결심한 사람의 뜨거운 의욕에 차디찬 얼음물을 사정없이 들이붓는 요소로 가득한 언어입니다. 온통 어려운 한자투성이이고, 우리말에는 없는 성조라는 것도 있으며, 어순도 영어랑 비슷합니다. 중국어 교재를 슬쩍 들추어 보고서는 '중국 사람은 이런 복잡한 한자를 도대체 어떻게 외워서 어떻게 말할 수 있는 거지?'라고 탄식하는 사람도 적지 않으니까요.

『퍼스트 중국어』는 지금까지 다양한 중국어 교재를 만들고 실제 교실에서 사용해 본 필자의 경험을 바탕으로, 중국어를 어떻게 해서든 익혀서 사용해 보고 싶은 학습자들의 의욕에 보답하기 위하여 만들었습니다. 어법 사항은 어순, 긍정문, 의문문, 부정문 등 핵심 내용을 시각적으로 단번에 파악할 수 있도록 서술하였으며, 새로 익힌 어법은 그 자리에서 확인하고 지나가도록 아래에 간단한 문제를 배치하였습니다. 필요한 내용은 쉽고 친절하게 설명하였고, 예문은 어법 요소가 잘 표현되어 있으면서도 실제 회화에 즉시 사용할 수 있는 실용적인 중국어 문장으로만 구성하였습니다.

또한 회화의 내용에 대한 깊이 있는 이해를 돕기 위하여 과별 연습문제는 '발음의 달인', '듣기의 달인' 및 '회화의 달인' 등 영역별 문제로 풀어 보면서 자연스럽게 중국어를 습득할 수 있게 만들었습니다.

워크북은 단순한 문장을 다양한 형태로 먼저 조합해 본 다음, 복잡한 문장으로 진행하는 형식을 취하고 있습니다. 연습문제와 워크북의 패턴 문제에 있는 네 글자, 다섯 글자로 이루어진 중국어를 반복 연습하다 보면, 어느새 열 글자 이상의 긴 중국어도 쉽게 말할 수 있는 능력을 갖추게 될 것입니다.

단 며칠 만에 중국어를 마스터할 수는 없습니다. 상당한 기간, 지난한 노력을 중국어에 쏟아부어야만 어느 정도 쓸만한 수준의 중국어 능력을 습득하게 될 것입니다. 이 책은 여러분이 중국어를 마스터하기 위하여 쏟아부어야 할 그 많은 시간과 지난한 노력을 조금은 덜어주는 역할을 할 수 있는 교재라고 자부합니다.

이 책을 세상에 선보이기 위하여, 그리고 중국어를 공부하는 모든 이들에게 꼭 필요한 교재를 만들기 위하여, 각종 자료를 마주하고 서재의 문을 닫은 채 일 년 이상 심혈을 기울였습니다. 그렇지만 제대로 된 책으로서의 모습을 갖추는 데에는 기획 단계에서부터 마지막 교정에 이르기까지 편집부 전유진 님의 적절한 지적과 피드백이 큰 도움이 되었음을 밝히지 않을 수 없습니다. 이 자리를 빌어서 감사의 인사를 드립니다.

저자 대표: 김준헌
백련산 기슭 서재에서

차례

5

과	단원명	주요 어법	주요 표현 47	한자 문화 칼럼
1	你来中国多长时间了？ 중국에 온 지 얼마나 되었나요?	· 최상급 표현 '最' · 시량보어(1) · 경험 표시의 '过' · 부사 '才'와 '就'	01) 我觉得汉字、发音和语法没有不难的。 02) 你来中国多长时间了？ 03) 你在国内学过汉语吗？ 04) 我是到中国以后才开始学的。	오해하기 쉬운 중국어(1)
2	今天我请你吃午饭。 오늘은 제가 점심을 한턱낼게요.	· 정반의문문(3) · 겸어문 · 조동사 '要'	05) 你吃午饭了没有？ 06) 今天我请你吃午饭。 07) 我一会儿要去火车站接朋友。 08) 你的那位朋友是哪里人？	
3	她下个月就要结婚了。 그녀는 다음 달에 곧 결혼할 거예요.	· 조동사 '得' · 미래 표시의 '就要……了'와 '快要……了' · 선택의문문 '还是' · '是' 존재문과 '有' 존재문	09) 我得买一件结婚礼物。 10) 她下个月就要结婚了。 11) 是女老师还是男老师？ 12) 包裹里是什么？	오해하기 쉬운 중국어(2)
4	清华大学离这儿远吗？ 칭화대학은 여기에서 먼가요?	· 개사 '离' · 동량사(1): 일반명사와 인명·지명 목적어 · 연동문(3): 동사 '有'를 포함하는 연동문 · 조동사 '应该' · 단순방위사	13) 清华大学离这儿远吗？ 14) 我有事儿要去一趟清华大学。 15) 应该就在这儿附近。 16) 一直往前走，到十字路口往左拐就是。	
5	医生让我多休息。 의사 선생님이 저에게 많이 쉬라고 했어요.	· 주술술어문 · 결과보어 · 양태보어(1): 정도 표시의 '多了' · 사역문 · 조건/원인 + '就' + 결과	17) 你脸色不太好。 18) 我想上完课再去。 19) 医生说不要紧，让我多喝水、多休息。 20) 吃两天药就好了。	
6	你会游泳吗？ 당신은 수영할 수 있어요?	· 조동사 '会'와 '能' · 불만 표시의 '怎么' · 시량보어(2)	21) 你会游泳吗？ 22) 你能教我游泳吗？ 23) 你怎么还在看电视呢？ 24) 你到底看电视看了几个小时了？	오해하기 쉬운 중국어(3)
	전반부 주요 어법 복습			**문화 칼럼** 베이징 '전문' 현판의 필획: 황제의 자존심과 바꾼 글씨체

과	단원명	주요 어법	주요 표현 47	한자 문화 칼럼
7	今天的晚饭吃得很饱。 오늘 저녁밥은 배부르게 먹었어요.	• 복합방위사 • '我们'과 '咱们'의 차이 • 양태보어(2) • 접두사 '好' + 동사 • 점층복문: '不但 + A, + 而且 + B'	25) 学校前边新开了一家饭馆儿。 26) 咱们什么时候去尝尝吧。 27) 今天的晚饭吃得很饱。 28) 不但菜很好吃，而且服务员也很热情。	
8	你不是不爱运动吗？ 당신은 운동하는 걸 안 좋아하지 않나요?	• 부정반어문: '不是 + A + 吗?' • 동사₁ + '了₁' + (목적어) + '就' + 동사₂ • 가능보어(1): '동사 + 得 / 不 + 결과보어'	29) 你不是不爱运动吗？ 30) 明天早上六点半在校门口见了面就出发。 31) 我累了，跑不动了。	
9	吓我一跳！ 나 깜짝 놀랐어!	• 동량사(2): 대명사 목적어 • '已经……了' 구문 • '对' + A(사람 / 사물) + '来说'	32) 吓我一跳！ 33) 已经过期了。 34) 那怎么还放在桌子上呢？ 35) 对我来说小菜一碟。	
10	我把作业忘在宿舍了。 숙제를 깜빡하고 기숙사에 뒀어요	• 단순방향보어 • '把'자문 • 가능보어(2): '来 + 得 / 不 + 及' • '差点儿' + 긍정 / 부정	36) 你不进教室去吗？ 37) 我把作业忘在宿舍了。 38) 快要上课了，来不及了。 39) 你差点儿迟到了。	
11	我比他矮五厘米。 나는 그보다 5cm 작아요	• 동등비교문(2): '有' 비교문 • 차등비교문: '比' 비교문 • 동등비교문(3): 'A + 跟 + B + 一样 + 서술어' • '被' 피동문	40) 你有他那么高吗？ 41) 我比他矮五厘米。 42) 他跟你一样也喜欢打网球吗？ 43) 我刚才被自行车撞倒了。	
12	宿舍门口站着一个人。 기숙사 입구에 누가 서 있어요.	• 조사 '着'와 존재문 • 단음절 형용사의 중첩 • '来' + 동사	44) 宿舍门口站着一个人。 45) 个子高高的。 46) 祝你生日快乐！ 47) 咱们来干个杯吧！	오해하기 쉬운 중국어(4)
	후반부 주요 어법 복습			**문화 칼럼** 상하이의 간선도로 이름에 녹아 있는 중국 근대사의 어둠

이 책의 구성

학습 목표 & 어법 사항

본 과에서 학습할 내용을 미리 확인할 수 있습니다.

주요 표현

과마다 3~4개의 주요 표현들이 있어서 총 47개의 주요 표현들로 기본 문형을 익힐 수 있습니다.

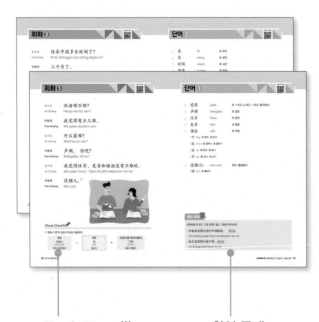

회화 ❶ ❷

일상생활에서 많이 사용하는 표현들로 이루어진 회화를 통해 재미있게 중국어를 학습할 수 있습니다.

단어 ❶ ❷

회화에 나오는 새 단어를 먼저 학습하고, 단어를 보며 회화를 학습하면 좀 더 쉽게 회화 내용을 이해할 수 있습니다. 확실하게 익힌 단어는 ☐에 표시하며 활용해 보세요.

Check Check!!!

회화 표현 중 보충 설명이 필요한 내용을 간략하게 추가해 놓았습니다.

확인 문제

회화 내용을 잘 이해했는지 문제를 풀며 확인해 보세요.

8

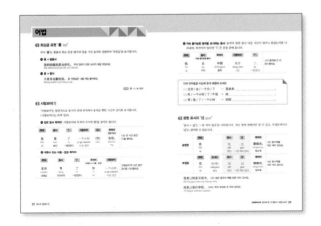

어법

회화에 나오는 주요 어법 표현들을 알기 쉽게 설명했고, 주요 어순은 한눈에 파악할 수 있게 도식화 했습니다. 학습한 어법은 바로바로 문제를 풀며 확인해 보세요.

바꾸어 말하기

자주 사용하는 표현들은 단어를 바꿔 가며 확장 연습할 수 있습니다.

어휘의 달인

회화에서 학습한 내용들과 연관된 주제의 단어들을 추가로 학습하며 어휘 실력을 업그레이드 할 수 있습니다.

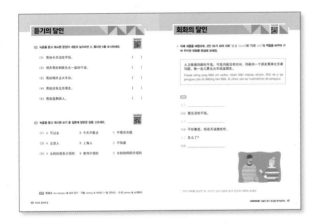

듣기의 달인

HSK 문제 유형의 다양한 듣기 문제로 듣기 실력을 향상시킬 수 있습니다.

회화의 달인

단문을 보며 그 내용을 토대로 회화 연습을 합니다. 회화 연습은 물론, 단문을 읽으며 독해 연습까지 할 수 있어서 일석이조의 효과가 있습니다.

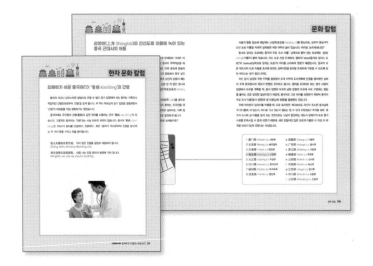

한자 문화 칼럼

한국에서 사용하는 한자와 동일한 한자이지만 뜻이 달라서 오해하기 쉬운 중국어를 골라 어떻게 다른지 알기 쉽게 설명했습니다.

문화 칼럼

평소에 쉽게 접하지 못하는 베이징과 상하이의 특별한 문화를 소개합니다.

주요 어법 복습

전반부, 후반부로 나누어 앞에서 학습한 어법을 총 정리했습니다. 시험 전에 어법 복습할 때 활용해 보세요.

📖 부록

❶ 231~240쪽의 단어장을 점선을 따라 잘라 주세요.

❷ LESSON01~12와 주제별 어휘를 순서대로 정리해 주세요.

❸ 표시된 부분을 뚫고 고리로 연결한 후, 출퇴근, 등하교 시간에 단어 학습할 때 활용해 보세요.

＊ 단어장 음원에는 한국어 뜻 음성도 포함되어 있습니다.

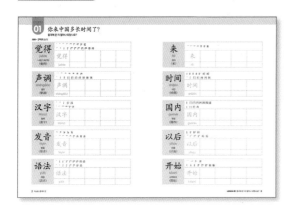

워크북

간체자 쓰기

본책의 새 단어 중 주요 단어들을 선별했습니다.
획순을 보며 간체자를 정확하게 쓰는 연습을 하고,
번체자와 어떻게 다른지도 비교해 보세요.

연습문제

본책에서 학습한 새 단어의 성조를
표시하며 단어를 복습하고, 다양한 문
제들을 풀며 문장 복습과 동시에 쓰기
연습도 할 수 있습니다.

🎧 MP3 사용법

▶ MP3 트랙번호

과 표시 ─┐   ┌─ 트랙 표시

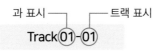

Track(01)-(01)

▶ MP3 듣는 방법

1. 트랙의 QR코드를 인식하면 바로 음원을 들을 수 있습니다.
   (포털 사이트에 있는 QR코드 입력기를 클릭하거나 QR코드 리더기를 활용하세요.)

2. 컴퓨터에서 맛있는books 홈페이지(www.booksJRC.com)에 로그인을 한 후,
   MP3 파일을 다운로드 해서 들을 수 있습니다.

3. 콜롬북스 앱에서 '출판사명' 또는 '교재명'으로 검색한 후,
   MP3 파일을 다운로드 해서 들을 수 있습니다.

▶ 품사 약어표

품사명	약어	품사명	약어	품사명	약어
명사	명	고유명사	고유	접속사	접
동사	동	인칭대사	대	조동사	조동
형용사	형	의문대사	대	감탄사	감탄
부사	부	지시대사	대	접두사	접두
수사	수	어기조사	조	접미사	접미
양사	양	동태조사	조	수량사	수량
개사	개	구조조사	조		

▶ 교재 표기 방법

① **고유명사 표기:** 중국의 지명, 기관, 요리, 중국인의 인명 등은 중국어 발음을 한국어로 표기했으나, 그중 널리 알려진 지명은 한국어로 표기했습니다.

   예 北京 Běijīng 베이징   陈一山 Chén Yīshān 천이산

② **이합동사의 병음 표기:** 단어에서는 분리되는 부분에 // 표시를 했고, 문장에서는 붙였습니다.

③ **了의 표기:** 동태조사는 了₁로, 어기조사는 了₂로 구분하여 표기했습니다.

▶ 문장 성분의 색 구분

중국어의 어순을 쉽게 익힐 수 있도록 주요 어법에는 문장 성분 및 일부 품사를 색으로 구분하여 어순을 도식화 했습니다. 문장 성분의 색을 기억하고 어법을 학습하면 어순을 좀 더 쉽게 익힐 수 있습니다.

주어   서술어   목적어   수식어   부사어   보어   부정사   조사   기타   일부 문형

* 단, 일부 어법은 빠른 이해와 숙지를 위해 문장 성분 색에 품사 또는 단어를 바로 제시했습니다.
* 문장 성분으로 구분하기 어려운 일부 주요 문형은 노란색으로 표시했습니다.

왕 선생님

王老师 Wáng lǎoshī
중국인, 49살, 중국어 선생님

김지용

金志龙 Jīn Zhìlóng
한국인, 20살, 대학생

박민영

朴敏英 Piáo Mǐnyīng
한국인, 20살, 대학생

천이산

陈一山 Chén Yīshān
중국인, 21살, 대학생

리우쯔이

刘子艺 Liú Zǐyì
중국인, 21살, 대학생

데이비드

大卫 Dàwèi
미국인, 25살, 대학생

마리

玛丽 Mǎlì
영국인, 24살, 대학생

* 1권에서 배운 핵심 표현들입니다. 2권 학습에 들어가기 전에 복습을 위하여 아래의 문제를 풀어 봅시다.

다음 중국어에 대한 적절한 대답을 고르세요.

1 你好!
Nǐ hǎo!

① 我很好。
② 你好!

2 你爸爸妈妈最近好吗?
Nǐ bàba māma zuìjìn hǎo ma?

① 他们都很好。
② 她们都很好。

3 请喝咖啡。
Qǐng hē kāfēi.

① 谢谢!
② 不客气!

4 再见!
Zàijiàn!

① 您好!
② 再见!

5 你叫什么名字?
Nǐ jiào shénme míngzi?

① 我叫金志龙。
② 我贵姓金志龙。

6 你是哪国人?
Nǐ shì nǎ guó rén?

① 我喜欢韩国人。
② 我是韩国人。

7 你家有几口人?
Nǐ jiā yǒu jǐ kǒu rén?

① 我家有三口人。
② 我有三个人。

8 你家都有什么人?
Nǐ jiā dōu yǒu shénme rén?

① 老师、厨师和学生。
② 爸爸、妈妈和我。

9 你今年多大了?
Nǐ jīnnián duō dà le?

① 我今年二十岁了。
② 我今年二十大了。

10 你属什么?
Nǐ shǔ shénme?

① 我属金。
② 我属马。

11 你的生日是几月几号？
Nǐ de shēngrì shì jǐ yuè jǐ hào?

① yí yuè yí hào.

② yī yuè yī hào.

12 你的手机号码是多少？
Nǐ de shǒujī hàomǎ shì duōshao?

① líng yāo líng èr sān wǔ sì liù liù liù líng.

② líng yī líng èr sān wǔ sì liù liù liù líng.

13 从你家到学校远吗？
Cóng nǐ jiā dào xuéxiào yuǎn ma?

① 太远了。

② 不太远了。

14 今天星期几？
Jīntiān xīngqī jǐ?

① 今天星期七。

② 今天星期天。

15 现在几点？
Xiànzài jǐ diǎn?

① 现在两点。

② 现在二点。

16 这件衣服多少钱？
Zhè jiàn yīfu duōshao qián?

① 八百钱。

② 八百块钱。

17 明天你来学校吗？
Míngtiān nǐ lái xuéxiào ma?

① 明天我不来学校。

② 明天我没来学校。

18 明天你怎么来学校？
Míngtiān nǐ zěnme lái xuéxiào?

① 明天我地铁来学校。

② 明天我坐地铁来学校。

19 昨天你来学校了吗？
Zuótiān nǐ lái xuéxiào le ma?

① 昨天我没来学校。

② 昨天我没来学校了。

20 昨天你是怎么来学校的？
Zuótiān nǐ shì zěnme lái xuéxiào de?

① 昨天我坐地铁来学校了。

② 昨天我是坐地铁来学校的。

你来中国多长时间了?

Nǐ lái Zhōngguó duō cháng shíjiān le?

중국에 온 지 얼마나 되었나요?

학습 목표

시간의 양과 과거의 경험을 어떻게 표시하는지, 서로 반의어 관계에 있는 부사 '才'와 '就'가
수량과 관련된 문장에서는 어떤 의미를 나타내는지를 함께 학습합니다.

어법 사항

- 최상급 표현 '最 zuì'
- 시량보어(1)
- 경험 표시의 '过 guo'
- 부사 '才 cái'와 '就 jiù'

01

我觉得汉字、发音和语法没有不难的。

Wǒ juéde Hànzì、fāyīn hé yǔfǎ méiyǒu bù nán de.

저는 한자, 발음과 어법 어렵지 않은 게 없다고 생각해요.

02

你来中国多长时间了?

Nǐ lái Zhōngguó duō cháng shíjiān le?

당신은 중국에 온 지 얼마나 되었나요?

03

你在国内学过汉语吗?

Nǐ zài guónèi xuéguo Hànyǔ ma?

당신은 당신 나라에서 중국어를 배운 적이 있나요?

04

我是到中国以后才开始学的。

Wǒ shì dào Zhōngguó yǐhòu cái kāishǐ xué de.

저는 중국에 온 후에야 비로소 (중국어를) 배우기 시작했어요.

Track 01-01

金志龙
Jīn Zhìlóng

汉语难不难?
Hànyǔ nán bu nán?

朴敏英
Piáo Mǐnyīng

我觉得有点儿难。
Wǒ juéde yǒudiǎnr nán.

金志龙
Jīn Zhìlóng

什么最难?
Shénme zuì nán?

朴敏英
Piáo Mǐnyīng

声调。 你呢?
Shēngdiào. Nǐ ne?

金志龙
Jīn Zhìlóng

我觉得汉字、发音和语法没有不难的。
Wǒ juéde Hànzì、fāyīn hé yǔfǎ méiyǒu bù nán de.

朴敏英
Piáo Mǐnyīng

没错儿。①
Méi cuòr.

 **Check Check!!!** ✏️

① 형용사 '错'의 긍정과 부정은 특별해요!

부정		긍정		'错'와 다른 의미의 형용사
没错儿 méi cuòr 맞다, 틀림없다	↔	错 cuò 틀리다	≠	不错 búcuò 좋다, 괜찮다

☐ 觉得　juéde　통 ~라고 느끼다, ~라고 생각하다

☐ 声调　shēngdiào　명 성조

☐ 汉字　Hànzì　명 한자

☐ 发音　fāyīn　명 발음

☐ 语法　yǔfǎ　명 어법

  * 听 tīng 통 듣다 명 듣기

  * 说 shuō 통 말하다 명 말하기

  * 读 dú 통 읽다 명 읽기

  * 写 xiě 통 쓰다 명 쓰기

☐ 没错(儿)　méi cuò(r)　맞다, 틀림없다

  * 错 cuò 형 틀리다

확인 문제

회화❶을 잘 읽고, 다음 문장의 옳고 그름을 판단하세요.

1 朴敏英觉得汉语的声调很难。　○ ✕

  Piáo Mǐnyīng juéde Hànyǔ de shēngdiào hěn nán.

2 金志龙觉得汉语不难。　○ ✕

  Jīn Zhìlóng juéde Hànyǔ bù nán.

金志龙 你来中国多长时间了?
Jīn Zhìlóng Nǐ lái Zhōngguó duō cháng shíjiān le?

朴敏英 三个月了。
Piáo Mǐnyīng Sān ge yuè le.

金志龙 你在国内学过汉语吗?
Jīn Zhìlóng Nǐ zài guónèi xuéguo Hànyǔ ma?

朴敏英 学过半年。你呢?
Piáo Mǐnyīng Xuéguo bàn nián. Nǐ ne?

金志龙 我是到中国以后才开始学的。
Jīn Zhìlóng Wǒ shì dào Zhōngguó yǐhòu cái kāishǐ xué de.

☐	来	lái	통 오다
☐	长	cháng	형 길다
☐	时间	shíjiān	명 시간
☐	国内	guónèi	명 국내
☐	学	xué	통 배우다
☐	过	guo	조 ~한 적이 있다[경험을 표시하는 조사]
☐	年	nián	명 해, 년
☐	到	dào	통 도착하다
☐	以后	yǐhòu	명 이후
☐	才	cái	부 (~에야) 비로소, 겨우
☐	开始	kāishǐ	통 시작하다

확인 문제

회화 ②를 잘 읽고, 다음 문장의 옳고 그름을 판단하세요.

1 朴敏英来中国三个月了。　○ ✕

Piáo Mǐnyīng lái Zhōngguó sān ge yuè le.

2 金志龙来中国以后才开始学汉语的。○ ✕

Jīn Zhìlóng lái Zhōngguó yǐhòu cái kāishǐ xué Hànyǔ de.

어법

■1■ 최상급 표현 '最 zuì'

부사 '最'는 형용사 혹은 감정·평가의 뜻을 가진 동사와 결합하여 '최상급'을 표시합니다.

㉮ 最 + 형용사

我妈妈做的菜最好吃。　우리 엄마가 만든 요리가 제일 맛있어요.
Wǒ māma zuò de cài zuì hǎochī.

㉯ 最 + 동사

王老师最喜欢我。　왕 선생님은 나를 제일 좋아해요.
Wáng lǎoshī zuì xǐhuan wǒ.

단어 菜 cài 명 요리

■2■ 시량보어(1)

'시량보어'는 일반적으로 동사의 뒤에 위치하여 동작을 행한 시간의 길이를 표시합니다.
(시량보어(2)는 91쪽 참조)

㉮ 일반 명사 목적어: 시량보어와 목적어 사이에 '的'를 넣어도 됩니다.

주어	동사	了₁	시량보어	(的)	목적어 (일반 명사)	
我 Wǒ 나	看 kàn 보다	了 le ~았(었)다	一个小时 yí ge xiǎoshí 1시간 동안	(的) (de)	电视。 diànshì. TV	나는 한 시간 동안 TV를 봤어요.

㉯ 대명사 또는 이름 · 호칭 목적어

주어	동사	了₁	목적어 (대명사 or 이름 · 호칭)	시량보어	
老师 Lǎoshī 선생님	等 děng 기다리다	了 le ~았(었)다	你 nǐ 너	一个小时。 yí ge xiǎoshí. 1시간 동안	선생님이 한 시간 동안 당신을 기다렸어요.

❹ **지속 불가능한 동작을 표시하는 동사:** 동작이 일단 끝난 다음 시간이 얼마나 흘렀는지를 나타내며, 목적어가 있다면 '了₁'은 문장 끝에 옵니다.

주어	동사 (지속 불가능한 동작)	목적어	시량보어	了₁	
他 Tā 그	去 qù 가다	中国 Zhōngguó 중국	两年 liǎng nián 2년	了。 le. ~았(었)다	그가 중국에 간 지 2년 됐어요.

아래 단어들을 어순에 맞게 배열해 보세요.

(1) 北京 / 去 / 一个月 / 了   →   我弟弟 _____。

(2) 吃 / 一个小时 / 了 / 午饭   →   她 _____。

(3) 等 / 我 / 了 / 一个小时   →   妈妈 _____。

3 경험 표시의 '过 guo'

'동사 + 过'는 '~한 적이 있음'을 나타냅니다. 지난 일에 대해서만 쓸 수 있고, 부정문에서도 '过'는 생략할 수 없습니다.

	주어		동사	过	목적어	
긍정문	我 Wǒ 나		吃 chī 먹다	过 guo ~한 적이 있다	糖醋肉。 tángcùròu. 탕수육	나는 탕수육을 먹은 적이 있어요.

	주어	没(有)	동사	过	목적어	
부정문	我 Wǒ 나	没(有) méi(yǒu) 없다	吃 chī 먹다	过 guo ~한 적이 있다	糖醋肉。 tángcùròu. 탕수육	나는 탕수육을 먹은 적이 없어요.

我看过很多汉语书。 나는 많은 중국어 책을 읽은 적이 있어요.
Wǒ kànguo hěn duō Hànyǔ shū.

她来过我们学校。 그녀는 우리 학교에 온 적이 있어요.
Tā láiguo wǒmen xuéxiào.

경험 표시의 '过'가 들어갈 자리를 찾아서 표시하고, 문장을 한국어로 옮겨 보세요.

(1) 他①喜欢②她③。   → _____

(2) 我①见②熊猫③。   → _____

(3) 我①爸爸②去③长城④。 → _____

단어 糖醋肉 tángcùròu 몡 탕수육

4 부사 '才 cái'와 '就 jiù'

수량이나 시간과 관련하여 화자의 주관적인 느낌을 표시합니다.

㉮ 才: (화자의 느낌상) 순조롭지 않다, 수량이 '많다', 시간이 '길다'

一千块钱才能买自行车。
Yìqiān kuài qián cái néng mǎi zìxíngchē.

1,000위안은 있어야 겨우 자전거를 살 수 있어요.(천 위안이나 되는 큰 금액)

㉯ 就: (화자의 느낌상) 순조롭다, 수량이 '적다', 시간이 '짧다'

三十块钱就能买。
Sānshí kuài qián jiù néng mǎi.

(불과) 30위안이면 바로 살 수 있어요.(30위안이라는 적은 금액)

*주의: '才'와 '就' 둘 다 수량이나 사건 관련 표현의 뒤에 자리합니다.

| 一年后，我才能毕业。 Yì nián hòu, wǒ cái néng bìyè. 일 년 뒤에, 나는 비로소 졸업할 수 있어요. (화자의 느낌: 1년 → 긴 시간) | ↔ | 一年后，我就能毕业。 Yì nián hòu, wǒ jiù néng bìyè. 일 년 뒤에, 나는 바로 졸업할 수 있어요. (화자의 느낌: 1년 → 짧은 시간) |

빈칸에 '就' 혹은 '才'를 넣어 주어진 문장을 완성해 보세요.

(1) 十点上课，他十点五分( )到。

(2) 十点上课，他九点五十分( )到了。

단어 能 néng 조통 ~할 수 있다 ǀ 毕业 bì//yè 통 졸업하다

Track 01-05

1 我觉得 汉语有点儿难 。

咖啡很好喝 kāfēi hěn hǎohē

天气有点儿冷 tiānqì yǒudiǎnr lěng

那件衣服有点儿贵 nà jiàn yīfu yǒudiǎnr guì

2 你 来中国 多长时间了?

学汉语 xué Hànyǔ

回家 huí jiā

打电话 dǎ diànhuà

3 你 学过汉语 吗?

吃过糖醋肉 chīguo tángcùròu

见过熊猫 jiànguo xióngmāo

去过长城 qùguo Chángchéng

보충 단어

好喝 hǎohē 형 (음료 등이) 맛있다

▶ 중국의 명승지 이름으로 어휘 실력 업그레이드

紫禁城
Zǐjìnchéng
자금성

天安门广场
Tiān'ānmén Guǎngchǎng
천안문광장

天坛
Tiāntán
천단

颐和园
Yíhéyuán
이화원

泰山
Tài Shān
태산

东方明珠
Dōngfāngmíngzhū
동방명주

西湖
Xī Hú
서호

布达拉宫
Bùdálā Gōng
포탈라궁

客家土楼
Kèjiā tǔlóu
객가 토루

듣기의 달인

Track 01-07

1 녹음을 듣고 제시된 문장이 내용과 일치하면 O, 틀리면 X를 표시하세요.

(1) 他们觉得汉字很难。 (　　　)

(2) 大卫知道这个汉字的声调。 (　　　)

(3) 陈先生的生日是五月十四号。 (　　　)

(4) 小金来中国六个月了。 (　　　)

(5) 男的的哥哥现在在家。 (　　　)

Track 01-08

2 녹음을 듣고 제시된 보기 중 질문에 알맞은 답을 고르세요.

(1) A 写　　　　　　B 听　　　　　　C 都很难

(2) A 中国茶　　　　B 咖啡　　　　　C 可乐

(3) A 两个星期　　　B 两个月　　　　C 两年

Track 01-09

▶ 아래 내용을 바탕으로, 2인 1조가 되어 서로 '大卫 Dàwèi'와 '玛丽 Mǎlì'의 역할을 바꾸어 가
며 주어진 대화를 완성해 보세요.

> 大卫和玛丽在国内没学过汉语，他们是到中国以后才开始学汉语的。大
> 卫觉得汉语发音不太难，可是汉字太难了。玛丽也觉得汉字最难。
>
> Dàwèi hé Mǎlì zài guónèi méi xuéguo Hànyǔ, tāmen shì dào Zhōngguó
> yǐhòu cái kāishǐ xué Hànyǔ de. Dàwèi juéde Hànyǔ fāyīn bú tài nán, kěshì
> Hànzì tài nán le. Mǎlì yě juéde Hànzì zuì nán.

대화

玛丽 大卫，你在国内学过汉语吗？

大卫 ＿＿＿＿＿＿＿＿＿＿＿＿＿＿＿

玛丽 我也是到中国以后才开始学的。

大卫 你觉得汉语什么最难？

玛丽 ＿＿＿＿＿＿＿＿＿＿＿＿＿＿＿

大卫 我也觉得汉字太难了。

* 위의 대화를 완성한 후, 자신의 실제 상황에 맞게 친구와 대화해 보세요.

오해하기 쉬운 중국어(1): '看病 kàn//bìng'과 간병

불의의 사고나 갑작스러운 질병으로 어쩔 수 없이 장기 입원해야 하는 환자는 가족이나 직업적인 간병인으로부터 '간병'을 받게 됩니다. 저 역시 부모님의 장기 입원을 경험하면서 '간병'의 어려움을 직접 경험하기도 했었습니다.

중국어에도 우리말의 간병(看病)과 같은 한자를 사용하는 단어 '看病 kàn//bìng'이 있습니다. 그렇지만 중국어는 '간병'과는 사실 아무런 관련이 없습니다. 중국어 '看病 kàn//bìng'은 '(의사가 환자를) 진찰하다, 진료하다', 혹은 '(환자가 의사로부터) 진찰을 받다'라는 두 가지 뜻을 가지고 있을 뿐이랍니다.

张大夫看病非常仔细。 닥터 장은 진찰을 굉장히 세밀하게 합니다.
Zhāng dàifu kànbìng fēicháng zǐxì.

明天我要去医院看病。 내일 나는 진찰 받으러 병원에 가야 합니다.
Míngtiān wǒ yào qù yīyuàn kànbìng.

今天我请你吃午饭。

Jīntiān wǒ qǐng nǐ chī wǔfàn.

오늘은 제가 점심을 한턱낼게요.

학습 목표

'没有'가 문장의 끝에 오는 정반의문문의 패턴과 겸어문을 학습합니다. 또한 조동사 '要'가
나타내는 두 가지 의미의 긍정과 부정에 대하여 익힙니다.

어법 사항

– 정반의문문(3)
– 겸어문
– 조동사 '要 yào'

05 你吃午饭了没有?

Nǐ chī wǔfàn le méiyǒu?

당신은 점심을 먹었나요?

06 今天我请你吃午饭。

Jīntiān wǒ qǐng nǐ chī wǔfàn.

오늘은 제가 점심을 한턱낼게요.

07 我一会儿要去火车站接朋友。

Wǒ yíhuìr yào qù huǒchēzhàn jiē péngyou.

저는 곧 친구를 마중하러 기차역에 가야 해요.

08 你的那位朋友是哪里人?

Nǐ de nà wèi péngyou shì nǎli rén?

당신의 그 친구는 어디(어느 지역) 사람입니까?

Track 02-01

金志龙 Jīn Zhìlóng	你吃午饭了没有? Nǐ chī wǔfàn le méiyǒu?
朴敏英 Piáo Mǐnyīng	还没吃。 Hái méi chī.
金志龙 Jīn Zhìlóng	今天我请你吃午饭。 Jīntiān wǒ qǐng nǐ chī wǔfàn.
朴敏英 Piáo Mǐnyīng	不好意思，改天请我吃吧。 Bù hǎoyìsi, gǎitiān qǐng wǒ chī ba.
金志龙 Jīn Zhìlóng	怎么了? Zěnme le?
朴敏英 Piáo Mǐnyīng	我一会儿①要去火车站接朋友。 Wǒ yíhuìr yào qù huǒchēzhàn jiē péngyou.

Check Check!!! ✏

① '一会儿'은 '곧, 금방'이라는 '시각'을 표시할 때는 부사어로 쓰여 서술어의 앞에 오고, '잠깐, 잠시'라는 '시간의 양'을 표시할 때는 시량보어로 쓰여 서술어의 뒤에 옵니다.

☐ 午饭　　wǔfàn　　　　　몡 점심밥

　　* 早饭 zǎofàn 몡 아침밥

　　* 晚饭 wǎnfàn 몡 저녁밥

☐ 还　　　hái　　　　　　뿐 아직, 아직도, 여전히

☐ 请　　　qǐng　　　　　동 초대하다, 부탁하다

☐ 不好意思　bù hǎoyìsi　　부끄럽다, 미안하다

☐ 改天　　gǎitiān　　　　뿐 다른 날, 다음에

☐ 一会儿　yíhuìr　　　수량 곧, 금방　수량 잠깐, 잠시

☐ 要　　　yào　　　　조동 ~해야 한다; ~하려고 하다

☐ 火车站　huǒchēzhàn　　몡 기차역

☐ 接　　　jiē　　　　　　동 마중하다

확인 문제

회화❶을 잘 읽고, 다음 문장의 옳고 그름을 판단하세요.

1 朴敏英想请金志龙吃午饭。 ○ ✕

　Piáo Mǐnyīng xiǎng qǐng Jīn Zhìlóng chī wǔfàn.

2 朴敏英和金志龙正在吃午饭。 ○ ✕

　Piáo Mǐnyīng hé Jīn Zhìlóng zhèngzài chī wǔfàn.

Track 02-03

刘子艺　　你的那位朋友是哪里人①?
Liú Zǐyì　　Nǐ de nà wèi péngyou shì nǎli rén?

陈一山　　上海人。
Chén Yīshān　　Shànghǎirén.

刘子艺　　你们是怎么认识的?
Liú Zǐyì　　Nǐmen shì zěnme rènshi de?

陈一山　　我们俩是室友。
Chén Yīshān　　Wǒmen liǎ shì shìyǒu.

刘子艺　　那你们关系肯定不错吧?
Liú Zǐyì　　Nà nǐmen guānxi kěndìng búcuò ba?

陈一山　　是的。我们是铁哥们儿,就跟兄弟一样。
Chén Yīshān　　Shì de.　　Wǒmen shì tiěgēmenr, jiù gēn xiōngdì yíyàng.

Check Check!!!

① '哪里人?'은 출신 지역을 묻는 표현으로, '哪里'와 '人' 사이에 '的'는 넣어도 되고, 생략해도 됩니다.

　例　王老师是哪里(的)人? 왕 선생님은 어디(어느 지역) 사람인가요?
　　Wáng lǎoshī shì nǎli (de) rén?

☐	哪里	nǎli	대 어디
☐	俩	liǎ	수량 두 사람, 두 개
☐	室友	shìyǒu	명 룸메이트
☐	关系	guānxi	명 관계
☐	肯定	kěndìng	부 확실히, 틀림없이
☐	铁哥们儿	tiěgēmenr	명 절친[남자들 사이에서 아주 친한 친구를 이르는 말]
☐	兄弟	xiōngdì	명 형제

* 姐妹 jiěmèi 명 자매

고유명사

☐	上海	Shànghǎi	상하이[지명]

확인 문제

회화❷를 잘 읽고, 다음 문장의 옳고 그름을 판단하세요.

1 陈一山有上海朋友。　○ ✕

　Chén Yīshān yǒu Shànghǎi péngyou.

2 陈一山和他的上海朋友是铁哥们儿。○ ✕

　Chén Yīshān hé tā de Shànghǎi péngyou shì tiěgēmenr.

어법

1 정반의문문(3)

이미 완료된 동작에 대한 정반의문문은 일반적으로 아래의 두 가지 패턴을 많이 사용합니다. 이때 '没有'의 '有'는 구어체에서 종종 생략됩니다.(정반의문문(1), (2)는 1권의 94쪽, 158쪽 참조)

	주어	동사	没(有)	동사	목적어	
㉮	你 Nǐ 너	看 kàn 보다	没(有) méi(yǒu) ~않았다	看 kàn 보다	这本书? zhè běn shū? 이 책	당신은 이 책을 봤나요 안 봤나요?

	주어	동사	목적어	了	没(有)	
㉯	你 Nǐ 너	看 kàn 보다	这本书 zhè běn shū 이 책	了 le ~았(었)다	没(有)? méi(yǒu)? ~않았다	

她走了没有?(= 她走没(有)走?) 그녀는 갔나요 안 갔나요?
Tā zǒu le méiyǒu?(=Tā zǒu méi(yǒu) zǒu?)

다음 의문문을 '㉮'와 '㉯' 두 가지 형태의 정반의문문으로 바꾸어 보세요.

(1) 你吃早饭了吗?　　　　　→　㉮ ＿＿＿＿＿＿＿＿＿＿＿＿＿＿

　　　　　　　　　　　　　　　㉯ ＿＿＿＿＿＿＿＿＿＿＿＿＿＿

(2) 他们昨天去动物园了吗?　→　㉮ ＿＿＿＿＿＿＿＿＿＿＿＿＿＿

　　　　　　　　　　　　　　　㉯ ＿＿＿＿＿＿＿＿＿＿＿＿＿＿

---

2 겸어문

동사₁의 목적어가 의미상 동사₂의 주어 역할을 '겸'하는 구문을 '겸어문(兼语句)'이라고 합니다. 일반적인 겸어문은 동사₁이 사역의 의미를 가지는 경우가 많습니다.

주어	동사$_1$	목적어$_1$ (동사$_2$의 주어)	동사$_2$	목적어$_2$	
我 Wǒ 나	请 qǐng (~에게 ~하도록) 부탁하다	她 tā 그녀	帮助 bāngzhù 돕다	我。 wǒ. 나	나는 그녀에게 나를 도와달라고 부탁했어요.

公司<u>派</u>我去中国了。 회사가 저를 중국에 파견했어요.
Gōngsī pài wǒ qù Zhōngguó le.

아래의 단어들을 어순에 맞게 배열해 보세요.

(1) 中国朋友 / 来 / 请 / 我家 → 我想 _____。

(2) 请 / 喝 / 我 / 咖啡 → 她 _____。

단어 帮助 bāngzhù 동 돕다 | 公司 gōngsī 명 회사 | 派 pài 동 파견하다

3 조동사 '要 yào'

어떤 행위를 하고자 하는 '의지, 바람' 혹은 '당위'를 표시합니다.

㉮ 긍정문: 要 + 동사 + 목적어

1) 의지, 바람(~하려고 하다): 今天我要看电影。 오늘 나는 영화를 보려고 해요.
Jīntiān wǒ yào kàn diànyǐng.

2) 당위(~해야 한다): 外出回家要洗手。 외출해서 집에 오면 손을 씻어야 한다.
Wàichū huí jiā yào xǐ shǒu.

㉯ 부정문

1) 의지, 바람(~하고 싶지 않다): 不想 + 동사 + 목적어

今天我不想看电影。 오늘 나는 영화를 보고 싶지 않아요.
Jīntiān wǒ bù xiǎng kàn diànyǐng.

2) 당위(~하지 말아야 한다): 不要 + 동사 + 목적어

不要浪费钱。 돈을 낭비하지 마라.
Búyào làngfèi qián.

아래의 단어들을 어순에 맞게 배열해서 문장을 완성해 보세요.

(1) 动物园 / 去 / 要 → 我 _____。

(2) 买 / 要 / 衣服 → 我 _____。

단어 电影 diànyǐng 명 영화 | 外出 wàichū 동 외출하다 | 洗 xǐ 동 씻다 |

手 shǒu 명 손 | 浪费 làngfèi 동 낭비하다

Track 02-05

1 你 吃午饭 了没有?

上课 shàngkè

给妈妈打电话 gěi māma dǎ diànhuà

买衣服 mǎi yīfu

2 今天我请你 吃午饭 。

喝茶 hē chá

来我家 lái wǒ jiā

吃面条 chī miàntiáo

3 我要 去火车站接朋友 。

去动物园看熊猫 qù dòngwùyuán kàn xióngmāo

去商场买衣服 qù shāngchǎng mǎi yīfu

去学校上课 qù xuéxiào shàngkè

어휘의 달인

▶ 음식 이름으로 어휘 실력 업그레이드

比萨饼
bǐsàbǐng
피자

甜甜圈
tiántiánquān
도넛

牛角面包
niújiǎo miànbāo
크로와상

汉堡
hànbǎo
햄버거

奶酪
nǎilào
치즈

热狗
règǒu
핫도그

薯条
shǔtiáo
프렌치프라이(감자튀김)

炸鸡
zhájī
프라이드 치킨

华夫饼
huáfūbǐng
와플

듣기의 달인

Track 02-07

1 녹음을 듣고 제시된 문장이 내용과 일치하면 O, 틀리면 X를 표시하세요.

(1) 男的今天没吃早饭。 ( )

(2) 明天男的和陈先生一起吃午饭。 ( )

(3) 男的明天去火车站。 ( )

(4) 男的没有北京朋友。 ( )

(5) 男的是韩国人。 ( )

Track 02-08

2 녹음을 듣고 제시된 보기 중 질문에 알맞은 답을 고르세요.

(1) A 可以去　　　　B 今天不能去　　　C 不想买衣服

(2) A 北京人　　　　B 上海人　　　　C 不知道

(3) A 女的的室友介绍的　B 老师介绍的　　C 女的的妈妈介绍的

단어 男朋友 nán péngyou 몡 남자 친구 ㅣ 可能 kěnéng 뷔 아마도 (~일 것이다) ㅣ 介绍 jièshào 동 소개하다

▶ 아래 내용을 바탕으로, 2인 1조가 되어 서로 '大卫 Dàwèi'와 '玛丽 Mǎlì'의 역할을 바꾸어 가며 주어진 대화를 완성해 보세요.

大卫想请玛丽吃午饭，可是玛丽没有时间。玛丽的一个朋友要来北京看玛丽，她一会儿要去火车站接朋友。

Dàwèi xiǎng qǐng Mǎlì chī wǔfàn, kěshì Mǎlì méiyǒu shíjiān. Mǎlì de yí ge péngyou yào lái Běijīng kàn Mǎlì, tā yíhuìr yào qù huǒchēzhàn jiē péngyou.

대화

大卫　_____

玛丽　我还没吃午饭。

大卫　_____

玛丽　不好意思，你改天请我吃吧。

大卫　怎么了？

玛丽　_____

* 위의 대화를 완성한 후, 자신의 실제 상황에 맞게 친구와 대화해 보세요.

LESSON

03

她下个月就要结婚了。

Tā xià ge yuè jiùyào jiéhūn le.

그녀는 다음 달에 곧 결혼할 거예요.

학습 목표

눈앞에 닥친 미래를 표시하는 두 가지 방법(임박태 표시법)과 선택의문문 및 존재문을 중심으로 학습합니다. 제1권에서 학습한 동사 '有' 존재문을 동사 '是' 존재문과의 비교를 통하여 둘 사이의 의미 차이를 확인하고, 명사를 장소사로 만드는 방위사 '里' 표현도 함께 익힙니다.

어법 사항

- 조동사 '得 děi'
- 미래 표시의 '就要 jiùyào……了 le'와 '快要 kuàiyào……了 le'
- 선택의문문: '还是 háishi'
- '是 shì' 존재문과 '有 yǒu' 존재문

09 我得买一件结婚礼物。
Wǒ děi mǎi yí jiàn jiéhūn lǐwù.
저는 결혼 선물을 하나 사야 해요.

10 她下个月就要结婚了。
Tā xià ge yuè jiùyào jiéhūn le.
그녀는 다음 달에 곧 결혼할 거예요.

11 是女老师还是男老师?
Shì nǚ lǎoshī háishi nán lǎoshī?
여자 선생님인가요 아니면 남자 선생님인가요?

12 包裹里是什么?
Bāoguǒ li shì shénme?
소포 안은 무엇입니까?

Track 03-01

| 朴敏英
Piáo Mǐnyīng | 我得买一件^①结婚礼物。
Wǒ děi mǎi yí jiàn jiéhūn lǐwù. |

朴敏英 / Piáo Mǐnyīng
我得买一件^①结婚礼物。
Wǒ děi mǎi yí jiàn jiéhūn lǐwù.

陈一山 / Chén Yīshān
谁要结婚?
Shéi yào jiéhūn?

朴敏英 / Piáo Mǐnyīng
我的高中历史老师。
Wǒ de gāozhōng lìshǐ lǎoshī.

她下个月就要结婚了。
Tā xià ge yuè jiùyào jiéhūn le.

陈一山 / Chén Yīshān
是女老师还是男老师?
Shì nǚ lǎoshī háishi nán lǎoshī?

朴敏英 / Piáo Mǐnyīng
是一位年轻的女老师。
Shì yí wèi niánqīng de nǚ lǎoshī.

Check Check!!! 🖊

① 양사 '件'은 옷의 윗도리를 셀 때 외에 '일, 사물, 문서 등을 세는 양사'로도 사용할 수 있다.
　예 一件礼物 yí jiàn lǐwù 한 개의 선물
　　 一件事儿 yí jiàn shìr 한 가지 일

단어 事(儿) shì(r) 몡 일

☐ 得　　　　děi　　　　　조동 ~해야 한다

☐ 结婚　　　jié//hūn　　　동 결혼하다

☐ 礼物　　　lǐwù　　　　　명 선물

☐ 高中　　　gāozhōng　　 명 고등학교

☐ 历史　　　lìshǐ　　　　 명 역사

☐ 下　　　　xià　　　　　 명 다음

　　* 上　shàng　명 지난

☐ 就要……了　jiùyào……le　　곧 ~할 것이다

　　* 快要……了　kuàiyào……le　곧 ~할 것이다

☐ 女　　　　nǚ　　　　　　명 여자

☐ 还是　　　háishi　　　　 접 또는, 아니면

☐ 男　　　　nán　　　　　　명 남자

회화❶을 잘 읽고, 다음 문장의 옳고 그름을 판단하세요.

1 朴敏英的高中历史老师这个月就要结婚了。　○ ✕

　Piáo Mǐnyīng de gāozhōng lìshǐ lǎoshī zhège yuè jiùyào jiéhūn le.

2 朴敏英的高中历史老师是一位女老师。　○ ✕

　Piáo Mǐnyīng de gāozhōng lìshǐ lǎoshī shì yí wèi nǚ lǎoshī.

회화 ❷

Track 03-03

朴敏英
Piáo Mǐnyīng

先生，我要寄一个包裹。

Xiānsheng, wǒ yào jì yí ge bāoguǒ.

服务员
fúwùyuán

包裹里是什么？

Bāoguǒ li shì shénme?

朴敏英
Piáo Mǐnyīng

是一双筷子和几个碗。

Shì yì shuāng kuàizi hé jǐ ge wǎn.

要付多少钱？

Yào fù duōshao qián?

服务员
fúwùyuán

九十二块五。

Jiǔshí'èr kuài wǔ.

朴敏英
Piáo Mǐnyīng

给你钱。几天能到韩国？

Gěi nǐ qián.　Jǐ tiān néng dào Hánguó?

服务员
fúwùyuán

一个星期左右。①

Yí ge xīngqī zuǒyòu.

① '나이·수량·거리·시간 + 左右'의 문형으로 앞에 제시된 수치보다 조금 적거나 많은 숫자(어림수)를 나타냅니다.

　　예 四十岁左右 sìshí suì zuǒyòu 마흔 정도

　　　 下午六点左右 xiàwǔ liù diǎn zuǒyòu 오후 6시쯤

☐ 寄	jì	图 (우편으로) 부치다
☐ 包裹	bāoguǒ	圀 소포
☐ 服务员	fúwùyuán	圀 종업원
☐ 里	li	圀 속, 안
☐ 双	shuāng	咳 쌍[짝을 이루는 것을 세는 단위]
☐ 筷子	kuàizi	圀 젓가락
☐ 碗	wǎn	圀 그릇
☐ 付	fù	图 지불하다
☐ 给	gěi	图 (～에게 ～을) 주다[이중목적어를 취하는 동사]
☐ 天	tiān	圀 날, 일
☐ 能	néng	조동 ～할 수 있다, ～할 가능성이 있다
☐ 左右	zuǒyòu	圀 가량, 내외

확인 문제

회화 ②를 잘 읽고, 다음 문장의 옳고 그름을 판단하세요.

1 朴敏英寄的包裹里没有筷子。　○ ×

　Piáo Mǐnyīng jì de bāoguǒ li méiyǒu kuàizi.

2 包裹一个月才能到韩国。　○ ×

　Bāoguǒ yí ge yuè cái néng dào Hánguó.

어법

1 조동사 '得 děi'

감정적 혹은 실질적인 필요성 때문에 '~해야 한다'는 뜻을 나타내며, 부정문은 '不用 bú yòng'을 사용합니다.

	주어	조동사	동사	목적어	
긍정문	你 Nǐ 너	得 děi ~해야 한다	去看 qù kàn 보러 가다	大夫。 dàifu. 의사	당신은 의사에게 진찰을 받으러 가야 해요.
	주어	不用	동사	목적어	
부정문	你 Nǐ 너	不用 búyòng ~할 필요 없다	去看 qù kàn 보러 가다	大夫。 dàifu. 의사	당신은 의사에게 진찰을 받으러 갈 필요 없어요.

빈칸에 '得' 혹은 '不用'을 넣어 문장을 완성해 보세요.

(1) 十二点了，我们(   )去吃午饭了。

(2) 今天是星期天，你们(   )去学校。

(3) 天气冷了，我(   )买厚一点儿的衣服了。

단어　看大夫 kàn dàifu (진찰을 받기 위해) 의사를 만나다

2 미래 표시의 '就要 jiùyào……了 le'와 '快要 kuàiyào……了 le'

둘 다 '곧 ~할 것이다'라는 임박한 미래를 표시하지만, '就要……了' 쪽이 좀 더 임박한 미래의 느낌을 줍니다. 또한 '快要……了' 앞에는 구체적인 시각(시점)을 쓸 수 없습니다.

어순:	시각(시점) + 就要 / 快要	+	동사(형용사)구	+	了	
(O)	下星期一 就要 Xià xīngqīyī jiùyào		考试 kǎoshì		了。 le.	다음 주 월요일에 곧 시험을 봐요.
(X)	下星期一 快要 Xià xīngqīyī kuàiyào		考试 kǎoshì		了。 le.	

地铁快要开了。 지하철이 곧 출발해요.
Dìtiě kuàiyào kāi le.

大学生活就要结束了。 대학 생활이 곧 끝나요.
Dàxué shēnghuó jiùyào jiéshù le.

다음 중국어의 틀린 부분을 바르게 고쳐 보세요.

(1) 爸爸的生日明天快要到了。

　　→ _____

(2) 八点五十九分了，差一分钟快要上课了。

　　→ _____

단어 考试 kǎo//shì 동 시험을 보다 | 大学 dàxué 명 대학 | 生活 shēnghuó 명 생활

3 선택의문문: '还是 háishi'

'A + 还是 + B' 문형으로 상대방에게 둘 혹은 그 이상의 선택지를 제시하는 선택의문문을 만듭니다.

你去还是我去？ 네가 갈래 아니면 내가 갈까?
Nǐ qù háishi wǒ qù?

这辆车是你的还是你爸爸的？ 이 차는 네 것이니 아니면 너희 아빠 것이니?
Zhè liàng chē shì nǐ de háishi nǐ bàba de?

주어진 두 개의 문장을 활용하여 선택의문문을 만들어 보세요.

(1) ① 她是汉语老师吗？　　② 她是英语老师吗？

　　①+② 선택의문문: _____

(2) ① 你吃面条吗？　　② 你吃米饭吗？

　　①+② 선택의문문: _____

(3) ① 她在打电话吗？　　② 她在发短信吗？

　　①+② 선택의문문: _____

단어 辆 liàng 양 대[차를 세는 단위] | 车 chē 명 차[자동차] | 米饭 mǐfàn 명 쌀밥

4 '是 shì' 존재문과 '有 yǒu' 존재문

둘 다 장소 주어를 가진 존재문을 만들 수 있지만, '是'는 '배타형', '有'는 '포괄형'이라는 점에서 다릅니다.

	장소	是 / 有	목적어 (존재물)	차이점
배타형 **'是'**	书包里 Shūbāo li 책가방 안	(都) 是 (dōu) shì (모두) 이다	书。 shū. 책	다른 물건이 있을 가능성은 배제되거나 희박(= 배타적)
	책가방 안은 (모두) 책입니다.			
포괄형 **'有'**	书包里 Shūbāo li 책가방 안	有 yǒu 있다	很多书。 hěn duō shū. 많은 책	다른 물건도 함께 있을 가능성을 내포(= 포괄적)
	책가방 안에는 책이 많이 있어요.			

图书馆的一楼是阅览室。
Túshūguǎn de yī lóu shì yuèlǎnshì.
도서관의 1층은 열람실이에요.(열람실 이외의 존재는 배제)

图书馆的一楼有阅览室。
Túshūguǎn de yī lóu yǒu yuèlǎnshì.
도서관의 1층에는 열람실이 있어요.(매점 등 다른 시설도 함께 있을 가능성을 암시)

빈칸에 '是' 혹은 '有'를 넣어 문장을 완성해 보세요.

(1) 学校里(   )食堂、邮局、书店。

(2) 学校里都(   )人。

단어 书包 shūbāo 몡 책가방 | 阅览室 yuèlǎnshì 몡 열람실 |
食堂 shítáng 몡 식당 | 邮局 yóujú 몡 우체국 | 书店 shūdiàn 몡 서점

Track 03-05

1 她下个月就要 结婚 了。

去中国 qù Zhōngguó
工作 gōngzuò
回国 huí guó

2 他是 女老师 还是 男老师 ？

英语老师 Yīngyǔ lǎoshī   汉语老师 Hànyǔ lǎoshī
你哥哥 nǐ gēge   你弟弟 nǐ dìdi
学生 xuésheng   老师 lǎoshī

3 我给你 钱 。

一个包裹 yí ge bāoguǒ
一双筷子 yì shuāng kuàizi
一件礼物 yí jiàn lǐwù

어휘의 달인

▶ 학교 관련 단어로 어휘 실력 업그레이드

小学
xiǎoxué
초등학교

初中
chūzhōng
중학교

高中
gāozhōng
고등학교

毕业
bì//yè
졸업하다

成绩单
chéngjìdān
성적표

课程表
kèchéngbiǎo
수업 시간표

考试
kǎo//shì
시험을 보다

数学
shùxué
수학

教科书
jiàokēshū
교과서

듣기의 달인

1 녹음을 듣고 제시된 문장이 내용과 일치하면 O, 틀리면 X를 표시하세요.

(1) 男的的姐姐上个月结婚了。 　　　　　　　　　　　　(　　)

(2) 男的的爸爸是历史老师。 　　　　　　　　　　　　　(　　)

(3) 男的的汉语老师是女老师。 　　　　　　　　　　　　(　　)

(4) 星期六他们要去动物园。 　　　　　　　　　　　　　(　　)

(5) 男的要给妈妈寄包裹。 　　　　　　　　　　　　　　(　　)

2 녹음을 듣고 제시된 보기 중 질문에 알맞은 답을 고르세요.

(1) A 一百块 　　　　　B 两百块 　　　　　C 不想给

(2) A 咖啡 　　　　　　B 不知道 　　　　　C 中国茶

(3) A 碗 　　　　　　　B 中国茶 　　　　　C 筷子

▶ 아래 내용을 바탕으로, 2인 1조가 되어 서로 '大卫 Dàwèi'와 '玛丽 Mǎlì'의 역할을 바꾸어 가며 주어진 대화를 완성해 보세요.

玛丽的高中老师下个月就要结婚了。玛丽想给老师买一件结婚礼物。可是不知道要给老师买什么礼物。大卫说："买一双中国筷子，怎么样？" 玛丽觉得给老师买一双中国筷子很不错。

Mǎlì de gāozhōng lǎoshī xià ge yuè jiùyào jiéhūn le. Mǎlì xiǎng gěi lǎoshī mǎi yí jiàn jiéhūn lǐwù. Kěshì bù zhīdào yào gěi lǎoshī mǎi shénme lǐwù. Dàwèi shuō: "Mǎi yì shuāng Zhōngguó kuàizi, zěnmeyàng?" Mǎlì juéde gěi lǎoshī mǎi yì shuāng Zhōngguó kuàizi hěn búcuò.

대화

玛丽　我要买一件结婚礼物。

大卫　_____

玛丽　我的高中老师下个月就要结婚了。

大卫　_____

玛丽　我也不知道。

大卫　_____

玛丽　我觉得很不错。

* 위의 대화를 완성한 후, 자신의 실제 상황에 맞게 친구와 대화해 보세요.

한자 문화 칼럼

오해하기 쉬운 중국어(2): '禁烟 jìnyān'과 금연

　새해를 맞이하면 금연을 결심하지만, 작심삼일로 끝나는 사람들이 많습니다. 저는 주변에서 위험한 수치로 가득한 건강진단서를 받아들고서도 담배를 못 끊는 친구를 보기도 했으니까요. 특히 무엇인가를 창작하는 분야에서 일하는 친구들과 만나면, 담배를 하루에 두 갑씩 태우면서 간신히 마감을 사수했다는 무서운 경험담을 종종 듣습니다.

　이런 담배(香烟 xiāngyān)를 끊는 것을 '금연(禁煙)'이라고 합니다. 중국어에도 '禁烟 jìnyān'이라는 같은 한자의 단어가 있으니까 같은 뜻으로 알고 그냥 사용하고 있나요?

　중국어의 '禁烟 jìnyān'과 우리말의 '금연'은 조금 다르답니다. 우리말의 금연은 '금연구역', '금연빌딩' 등의 의미로도 쓰고, '금연을 결심했다'와 같이 개인의 의지로 담배를 끊겠다고 하는 경우에도 쓸 수 있습니다. 그러나 중국어의 '禁烟 jìnyān'은 전자에만 해당하고, 의지가 필요한 후자의 경우에는 '戒烟 jiè//yān'이라고 표현해야 합니다.

禁烟: 你对室内禁烟怎么看? 당신은 실내금연에 대해서 어떻게 생각하세요?
　　　Nǐ duì shìnèi jìnyān zěnme kàn?

戒烟: 我戒烟已经半年了。 내가 금연한 지 벌써 반년이나 됐어요.
　　　Wǒ jièyān yǐjīng bàn nián le.

'금주(禁酒 jìnjiǔ)' 역시 금연과 마찬가지로 '술을 끊겠다'고 할 때는 '禁酒'가 아니라 '戒酒 jiè//jiǔ'라고 한답니다.

清华大学离这儿远吗?

Qīnghuá Dàxué lí zhèr yuǎn ma?

칭화대학은 여기에서 먼가요?

학습 목표

동사의 동작을 헤아리는 동량사의 특징, 방위사와 개사 '离'에 대해서 학습합니다. 그리고 핵심 문형으로, 조동사 '应该'와 동사 '有'를 포함하는 연동문을 동시에 익힙니다.

어법 사항

- 개사 '离 lí'
- 동량사(1): 일반명사와 인명·지명 목적어
- 연동문(3): 동사 '有 yǒu'를 포함하는 연동문
- 조동사 '应该 yīnggāi'
- 단순방위사

13

清华大学离这儿远吗?

Qīnghuá Dàxué lí zhèr yuǎn ma?

칭화대학은 여기에서 먼가요?

14

我有事儿要去一趟清华大学。

Wǒ yǒu shìr yào qù yí tàng Qīnghuá Dàxué.

나는 칭화대학에 한번 다녀와야 할 일이 있어요.

15

应该就在这儿附近。

Yīnggāi jiù zài zhèr fùjìn.

분명히 바로 이 근처에 있을 거예요.

16

一直往前走,到十字路口往左拐就是。

Yìzhí wǎng qián zǒu, dào shízì lùkǒu wǎng zuǒ guǎi jiù shì.

앞으로 곧장 가다가 사거리에서 왼쪽으로 꺾으면 돼요.

刘子艺 Liú Zǐyì	清华大学离这儿远吗? Qīnghuá Dàxué lí zhèr yuǎn ma?
陈一山 Chén Yīshān	听说①不远，挺近的。 Tīngshuō bù yuǎn, tǐng jìn de.
刘子艺 Liú Zǐyì	我有事儿要去一趟清华大学。 Wǒ yǒu shìr yào qù yí tàng Qīnghuá Dàxué.
陈一山 Chén Yīshān	要不要我跟你一起去? Yào bu yào wǒ gēn nǐ yìqǐ qù?
刘子艺 Liú Zǐyì	你真是我的好朋友。 Nǐ zhēn shì wǒ de hǎo péngyou.

Check Check!!! ✏️

① '听说'는 '(들리는 말로는) ~라고 하더라'라는 뜻으로, 화자가 들은 소식이나 소문을 제3자에게 전달할 때 사용합니다. 소문의 출처는 '听 + 출처 + 说'로 표시합니다.

⑩ 听说她还喜欢你, 你知道吗? 듣자 하니 그녀가 아직 너를 좋아한대, 너 알고 있니?(소문 출처 불명)
　Tīngshuō tā hái xǐhuan nǐ, nǐ zhīdào ma?

단어 ①

Track 04-02

☐ 离 　 lí 　 [개] ~에서

☐ 听说 　 tīng//shuō 　 [동] 듣자 하니

☐ 挺 　 tǐng 　 [부] 꽤, 매우

☐ 近 　 jìn 　 [형] 가깝다

☐ 事(儿) 　 shì(r) 　 [명] 일

☐ 趟 　 tàng 　 [양] 번, 차례[왕복하는 동작의 횟수를 세는 단위]

* 遍 biàn [양] 회, 번[동작이 시작되어 끝날 때까지의 전 과정을 세는 단위]

고유명사

☐ 清华大学 　 Qīnghuá Dàxué 　 칭화대학[중국의 대학 이름]

* 北京大学 Běijīng Dàxué 베이징대학[중국의 대학 이름]

확인 문제

회화①을 잘 읽고, 다음 문장의 옳고 그름을 판단하세요.

1 从这儿到清华大学很远。 ○ ×
Cóng zhèr dào Qīnghuá Dàxué hěn yuǎn.

2 陈一山要跟刘子艺一起去清华大学。 ○ ×
Chén Yīshān yào gēn Liú Zǐyì yìqǐ qù Qīnghuá Dàxué.

Track 04-03

陈一山
Chén Yīshān
应该就在这儿附近。
Yīnggāi jiù zài zhèr fùjìn.

刘子艺
Liú Zǐyì
我们去问问那位阿姨吧。
Wǒmen qù wènwen nà wèi āyí ba.

陈一山
Chén Yīshān
请问，去清华大学怎么走？
Qǐngwèn, qù Qīnghuá Dàxué zěnme zǒu?

阿姨
āyí
一直往前走，到十字路口往左拐就是。
Yìzhí wǎng qián zǒu, dào shízì lùkǒu wǎng zuǒ guǎi jiù shì.

陈一山
Chén Yīshān
太谢谢您了。
Tài xièxie nín le.

阿姨
āyí
不客气。
Bú kèqi.

☐ 应该	yīnggāi	조동 (마땅히) ~해야 한다, (분명히) ~일 것이다
☐ 附近	fùjìn	명 근처, 부근
☐ 问	wèn	동 묻다
☐ 阿姨	āyí	명 아주머니
☐ 请问	qǐngwèn	동 말씀 좀 여쭙겠습니다
☐ 走	zǒu	동 가다, 걷다
☐ 一直	yìzhí	부 줄곧, 똑바로
☐ 往	wǎng	개 ~쪽으로
☐ 前	qián	명 앞
☐ 十字路口	shízì lùkǒu	명 사거리, 교차로
☐ 左	zuǒ	명 왼쪽

* 右 yòu 명 오른쪽

☐ 拐	guǎi	동 꺾다, 방향을 돌리다

확인 문제

회화 ②를 잘 읽고, 다음 문장의 옳고 그름을 판단하세요.

1 那位阿姨不认识刘子艺他们。　○ ×
　Nà wèi āyí bú rènshi Liú Zǐyì tāmen.

2 清华大学在十字路口附近。　○ ×
　Qīnghuá Dàxué zài shízì lùkǒu fùjìn.

어법

1 개사 '离 lí'

두 지점 사이의 공간적 혹은 시간적인 격차를 계산하는 데 필요한 '기준점'을 목적어로 취합
니다. '기준점'은 출발점이 될 수도, 도착점이 될 수도 있습니다.

㉮ 离 + 출발점: ~에서

你家**离**这儿远吗? 당신 집은 여기에서 멀어요?(여기 = 출발 기준점)
Nǐ jiā lí zhèr yuǎn ma?

㉯ 离 + 도착점: ~까지

离生日还有两天。 생일까지는 아직 이틀이 남았어요.(생일 = 도착 기준점)
Lí shēngrì hái yǒu liǎng tiān.

2 동량사(1): 일반명사와 인명 · 지명 목적어

동작의 횟수를 헤아리는 양사를 '동량사'라고 합니다. 자주 사용하는 동량사로는 '次(cì 번)',
'顿(dùn 끼니)', '趟(tàng 왕복 동작의 횟수)', '遍(biàn 처음부터 끝까지 수행하는 동작)' 등이
있습니다.(동량사(2)는 140쪽 참조)

	주어	동사	수사 + 동량사	목적어 (일반명사)	
일반명사 목적어	我 Wǒ 나	看了 kànle 봤다	一次 yí cì 한 번	表。 biǎo. (손목)시계	나는 시계를 한 번 봤어요. (목적어의 앞)

	주어	동사	수사 + 동량사	목적어 (인명 · 지명)	
인명 · 지명 목적어	她 Tā 그녀	去了 qùle 갔다	一趟 yí tàng 한 번	美国。 Měiguó. 미국	그녀는 미국을 한 번 갔어요. (목적어의 앞, 뒤 모두 가능)

	주어	동사		목적어 (인명 · 지명)	수사 + 동량사
	她 Tā	去了 qùle		美国 Měiguó	一趟。 yí tàng.

我看过一次棒球比赛。 나는 야구 시합을 한 번 본 적이 있어요.
Wǒ kànguo yí cì bàngqiú bǐsài.

我想请她吃一顿晚饭。 나는 그녀에게 저녁을 한 끼 대접하고 싶어요.
Wǒ xiǎng qǐng tā chī yí dùn wǎnfàn.

보기 에서 적절한 동량사를 골라 빈칸을 채워 보세요.

보기 趟, 遍, 次, 顿

(1) 我要去一( )北京大学。　　(2) 我爸爸去过一( )北京。

(3) 那个电影，我看了两( )。　　(4) 我每天都吃三( )饭。

단어 棒球 bàngqiú 명 야구 | 比赛 bǐsài 명 시합

3 연동문(3): 동사 '有 yǒu'를 포함하는 연동문

동사₁이 '有'인 연동문은 두 가지 패턴이 있는데, 번역은 보통 뒤에서부터 합니다.
(연동문(1), (2)는 1권 173쪽, 186쪽 참조)

㉮ 동사₁ 有와 동사₂가 사건의 발생 순서일 때

주어	有 (동사₁)	목적어₁	동사₂	목적어₂	그녀는 우리 집에 올 일이 있어요. (그녀는 일이 있어서 우리 집에 온다.)
她 Tā 그녀	有 yǒu 있다	事儿 shìr 일	来 lái 오다	我家。 wǒ jiā. 우리 집	

㉯ 동사₁ 有와 동사₂의 목적어가 의미상 동일할 때(목적어₁ = 목적어₂)

주어	有 (동사₁)	목적어₁	동사₂	(목적어₂)	나는 물어볼 질문(문제)이 있어요. ('有'와 '问'의 공통 목적어 = '问题')
我 Wǒ 나	有 yǒu 있다	问题 wèntí 문제	要问。 yào wèn. 물어보려고 하다	(问题) (문제)	

다음 중국어를 한국어로 옮겨 보세요.

(1) 明天我没有时间去看电影。→ _____

(2) 我没有钱坐出租车。　　　→ _____

(3) 我下午有课要上。　　　　→ _____

단어 问题 wèntí 명 문제, 질문

4 조동사 '应该 yīnggāi'

인정상 혹은 도리상 '(마땅히, 당연히) ~해야 한다' 혹은 '(분명히) ~일 것이다'라는 뜻을 나타내며, 부정문은 '不应该'를 사용합니다.

㉮ 긍정문: 应该 + 동사 + 목적어

你应该听你爸爸的话。 너는 마땅히 너희 아빠 말씀을 들어야 해.
Nǐ yīnggāi tīng nǐ bàba de huà.

㉯ 부정문: 不应该 + 동사 + 목적어

你不应该说谎话。 너는 거짓말을 하지 말아야 해.
Nǐ bù yīnggāi shuō huǎnghuà.

주어진 단어들을 넣어서 문장을 완성해 보세요.

(1) 他的生日_____。(应该 / 明天 / 是)

(2) 这个时间_____。(睡觉 / 应该)

단어 话 huà 명 말, 말씀 | 谎话 huǎnghuà 명 거짓말

5 단순방위사

방향이나 위치를 표시하는 한 글자 단어를 '단순방위사'라고 합니다. 주로 명사와 결합하지만, 간혹 동사나 개사와 함께 쓰이기도 합니다.

前 qián 앞	↔	后 hòu 뒤
左 zuǒ 왼쪽	↔	右 yòu 오른쪽
上 shàng 위	↔	下 xià 아래
里 lǐ 안	↔	外 wài 바깥
东 dōng 동	↔	西 xī 서
南 nán 남	↔	北 běi 북
	旁 páng 옆	

㉮ 명사 + 단순방위사

门前 mén qián 문 앞   屋里 wū li 방 안

㉯ 단순방위사 + 명사

前门 qiánmén 앞문   右手 yòushǒu 오른손

㉰ 개사 + 단순방위사

往上跑 wǎng shàng pǎo 위쪽으로 뛰다

㉱ 동사 + 단순방위사

她走后，我应该怎么办？ 그녀가 떠난 뒤, 나는 어떻게 해야 하나요?
Tā zǒu hòu, wǒ yīnggāi zěnme bàn?

빈칸에 '前' 혹은 '左'를 넣어 문장을 완성해 보세요.

(1) 往(   )拐就是他家。

(2) 一直往(   )走就是地铁站。

단어 怎么办 zěnme bàn 어떻게 하다

바꾸어 말하기

1 清华大学 离这儿远吗?

你家 nǐ jiā

地铁站 dìtiězhàn

火车站 huǒchēzhàn

2 听说 清华大学不远 。

汉语很有意思 Hànyǔ hěn yǒu yìsi

他们俩是室友 tāmen liǎ shì shìyǒu

明天不上课 míngtiān bú shàngkè

3 到 十字路口 往左拐就是王老师家。

动物园 dòngwùyuán

地铁站 dìtiězhàn

张老师家 Zhāng lǎoshī jiā

어휘의 달인

▶ 방위사로 어휘 실력 업그레이드

  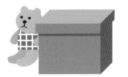 

| 前
qián
앞 | 后
hòu
뒤 | 左
zuǒ
왼쪽 | 右
yòu
오른쪽 |

 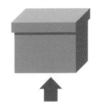

| 上
shàng
위 | 下
xià
아래 | 里
lǐ
안 | 外
wài
밖 |

| 东
dōng
동 | 西
xī
서 | 南
nán
남 | 北
běi
북 |

LESSON 04 칭화대학은 여기에서 먼가요? 67

듣기의 달인

Track 04-07

1 녹음을 듣고 제시된 문장이 내용과 일치하면 O, 틀리면 X를 표시하세요.

(1) 女的的家离学校不远。 （   ）

(2) 动物园在学校附近。 （   ）

(3) 女的要跟男的一起去买衣服。 （   ）

(4) 他们知道商场在哪儿。 （   ）

(5) 动物园在十字路口附近。 （   ）

Track 04-08

2 녹음을 듣고 제시된 보기 중 질문에 알맞은 답을 고르세요.

(1) A 张　　　　　　B 刘　　　　　　C 陈

(2) A 公交车站　　　B 出租车站　　　C 地铁站

(3) A 礼物　　　　　B 喝的　　　　　C 吃的

회화의 달인

▶ 아래 내용을 바탕으로, 2인 1조가 되어 서로 '大卫 Dàwèi'와 '玛丽 Mǎlì'의 역할을 바꾸어 가며 주어진 대화를 완성해 보세요.

> 清华大学离玛丽的学校不远。玛丽有事儿要去一趟清华大学，可是她不知道清华大学怎么走。大卫知道清华大学在哪儿，大卫说他可以跟玛丽一起去。
>
> Qīnghuá Dàxué lí Mǎlì de xuéxiào bù yuǎn. Mǎlì yǒu shìr yào qù yí tàng Qīnghuá Dàxué, kěshì tā bù zhīdào Qīnghuá Dàxué zěnme zǒu. Dàwèi zhīdào Qīnghuá Dàxué zài nǎr, Dàwèi shuō tā kěyǐ gēn Mǎlì yìqǐ qù.

대화

玛丽 大卫，清华大学离这儿远吗？我有事儿要去一趟清华大学。

大卫 _____

玛丽 你知道清华大学怎么走吗？

大卫 _____

玛丽 你可以跟我一起去吗？

大卫 _____

玛丽 太好了。你真是我的好朋友。

* 위의 대화를 완성한 후, 자신의 실제 상황에 맞게 친구와 대화해 보세요.

医生让我多休息。

Yīshēng ràng wǒ duō xiūxi.

의사 선생님이 저에게 많이 쉬라고 했어요.

가장 단순한 결과보어와 조사가 없는 형태의 양태보어 '多了' 및 사역문을 학습하고, 한국어와 동일한 어순을 가진 주술술어문 또한 동시에 익힙니다.

– 주술술어문
– 결과보어
– 양태보어(1): 정도 표시의 '多了 duōle'
– 사역문
– 조건/원인 + '就 jiù' + 결과

Track 05-00

17

你脸色不太好。

Nǐ liǎnsè bú tài hǎo.

당신 안색이 그다지 좋지 않아요.

18

我想上完课再去。

Wǒ xiǎng shàngwán kè zài qù.

저는 수업을 다 듣고 나서 가려고 합니다.

19

医生说不要紧，让我多喝水、多休息。

Yīshēng shuō búyàojǐn, ràng wǒ duō hē shuǐ、duō xiūxi.

의사 선생님이 괜찮으니, 물을 많이 마시고, 많이 쉬라고 하셨어요.

20

吃两天药就好了。

Chī liǎng tiān yào jiù hǎo le.

이틀 동안 약을 먹으면 괜찮아요.

金志龙 Jīn Zhìlóng	老师，对不起，我迟到了。 Lǎoshī, duìbuqǐ, wǒ chídào le.
王老师 Wáng lǎoshī	没事儿。 你脸色不太好。 Méishìr.　　Nǐ liǎnsè bú tài hǎo.
金志龙 Jīn Zhìlóng	我头疼，还咳嗽，可能感冒了。 Wǒ tóu téng, hái késou, kěnéng gǎnmào le.
王老师 Wáng lǎoshī	你去医院看病了吗? Nǐ qù yīyuàn kànbìng le ma?
金志龙 Jīn Zhìlóng	我想上完课再去。 Wǒ xiǎng shàngwán kè zài qù.

☐	对不起	duìbuqǐ	통 미안하다
☐	迟到	chídào	통 지각하다
☐	没事儿	méi//shìr	통 괜찮다
☐	脸色	liǎnsè	명 안색
☐	头	tóu	명 머리
☐	疼	téng	통 아프다
☐	咳嗽	késou	명 기침 통 기침하다
☐	可能	kěnéng	부 아마도 (~일 것이다)
☐	感冒	gǎnmào	명 감기 통 감기에 걸리다
☐	医院	yīyuàn	명 병원
☐	看病	kàn//bìng	통 진료를 받다
☐	完	wán	통 마치다, 끝나다
☐	再	zài	부 ~하고 나서, 다음에

확인 문제

회화①을 잘 읽고, 다음 문장의 옳고 그름을 판단하세요.

1 金志龙今天迟到了。　○　×

　Jīn Zhìlóng jīntiān chídào le.

2 金志龙想现在就去医院。　○　×

　Jīn Zhìlóng xiǎng xiànzài jiù qù yīyuàn.

Track 05-03

王老师 Wáng lǎoshī	感冒好点儿了吗? Gǎnmào hǎo diǎnr le ma?
金志龙 Jīn Zhìlóng	好多了。 Hǎo duōle.
王老师 Wáng lǎoshī	医生怎么说? Yīshēng zěnme shuō?
金志龙 Jīn Zhìlóng	医生说不要紧,让我多喝水、多休息。 Yīshēng shuō búyàojǐn, ràng wǒ duō hē shuǐ、duō xiūxi.
王老师 Wáng lǎoshī	打没打针? Dǎ méi dǎzhēn?
金志龙 Jīn Zhìlóng	没打,吃两天药就好了。 Méi dǎ, chī liǎng tiān yào jiù hǎo le.

단어 ②

☐	医生	yīshēng	몡 의사
☐	不要紧	búyàojǐn	톙 괜찮다, 대수롭지 않다
☐	让	ràng	통 ~에게 ~하게 하다
☐	水	shuǐ	몡 물
☐	休息	xiūxi	통 쉬다
☐	打针	dǎ//zhēn	통 주사를 놓다
☐	打	dǎ	통 (주사 등을) 놓다, (어떤 동작을) 하다
☐	药	yào	몡 약

확인 문제

회화②를 잘 읽고, 다음 문장의 옳고 그름을 판단하세요.

1 金志龙没打针。　○　×

　Jīn Zhìlóng méi dǎzhēn.

2 医生让金志龙多休息。　○　×

　Yīshēng ràng Jīn Zhìlóng duō xiūxi.

어법

1 주술술어문

문장의 서술어 부분이 다시 주어와 서술어로 구성된 문형입니다.

	[대]주어	[대]서술어			
		[소]주어	(부정사)	[소]서술어	
긍정문	我们学校 Wǒmen xuéxiào 우리 학교	学生 xuésheng 학생		很多。 hěn duō. 매우 많다	우리 학교는 학생이 많아요.
부정문	我们学校 Wǒmen xuéxiào 우리 학교	学生 xuésheng 학생	不 bù ~지 않다	多。 duō. 많다	우리 학교는 학생이 많지 않아요.

他工作忙不忙? 그는 일이 바쁜가요 안 바쁜가요?
Tā gōngzuò máng bu máng?

这家咖啡店拿铁咖啡很好喝。 이 커피숍은 카페라테가 맛있어요.
Zhè jiā kāfēidiàn nátiě kāfēi hěn hǎohē.

다음 한국어를 중국어의 주술술어문으로 바꾸어 보세요.

(1) 나는 머리가 아파요.　　　　　　→ _____

(2) 너희 아빠는 일이 바쁘시니 바쁘지 않으시니? → _____

단어 拿铁咖啡 nátiě kāfēi 명 카페라테

2 결과보어

결과보어는 동사의 바로 뒤에서 동사로 인해 발생한 결과를 표시합니다. 이때 조사 '了'나 '过'는 '동사 + 결과보어'의 뒤에 옵니다. 결과보어로 쓰이는 성분은 동사 혹은 형용사인데, 그중 자주 쓰이는 결과보어는 다음과 같습니다.

① 懂 dǒng : '듣거나 보고 이해함'을 표시
② 完 wán : '동작의 완결'을 표시
③ 到 dào : '어떤 목적에 도달하였음'을 표시
④ 好 hǎo : '어떤 일이 완성되었거나 잘 마무리 되었음'을 표시

⑤ 在 zài: '주어 혹은 목적어가 결과적으로 도달하게 되는 장소'를 표시

⑥ 给 gěi: 주는 대상이 있어야 하는 일부 동사의 뒤에 쓰여서 '물건의 수령자(~에게)'를 표시

	주어	(부정사)	동사	결과보어	了 / 过	목적어	
긍정문	我 Wǒ 나		听 tīng 듣다	懂 dǒng 이해하다	了 le 완료	你的话。 nǐ de huà 너의 말	나는 당신의 말을 알아들었어요.
부정문	我 Wǒ 나	没 méi 못하다	听 tīng 듣다	懂 dǒng 이해하다		你的话。 nǐ de huà 너의 말	나는 당신의 말을 알아듣지 못했어요.

我还没看完这本小说。 나는 아직 이 소설을 다 읽지 못했어요.
Wǒ hái méi kànwán zhè běn xiǎoshuō.

你听到了什么声音? 당신 무슨 소리 들었어요?
Nǐ tīngdào le shénme shēngyīn?

결과보어 '完'이 들어갈 자리를 표시하고, 한국어로 옮겨 보세요.

(1) 现在他①上②课③了。 → _____

(2) 我还①没②吃③饭④呢。 → _____

단어 懂 dǒng 통 알다, 이해하다 | 小说 xiǎoshuō 명 소설 | 声音 shēngyīn 명 소리

3 양태보어(1): 정도 표시의 '多了 duōle'

서술어의 뒤에서 서술어의 정도를 강조하거나 상태를 묘사·평가하는 보어를 '양태보어'라고 합니다. 그중, 서술어의 바로 뒤에 붙는 양태보어는 '多了 duōle', '极了 jíle', '死了 sǐle' 등의 소수에 불과하며, 이러한 보어들은 '강조'의 느낌만 나타냅니다.(양태보어(2)는 115쪽 참조)

我高兴极了。 나는 정말 기분이 좋아요.
Wǒ gāoxìng jíle.

今天我累死了。 오늘 나는 피곤해 죽겠어요.
Jīntiān wǒ lèi sǐle.

这次期末考试容易多了。 이번 기말고사는 정말 쉬웠어요.
Zhè cì qīmò kǎoshì róngyì duōle.

아래의 단어들을 어순에 맞게 배열하여 문장을 완성해 보세요.

(1) 好 / 感冒 / 多了　→　他弟弟 _____。

(2) 极了 / 漂亮　　　→　他妹妹 _____。

(3) 死了 / 忙 / 最近　→　他爸爸 _____。

단어 累 lèi 형 지치다, 피곤하다 | 期末 qīmò 명 기말

4 사역문

겸어문의 첫 번째 동사가 '让 ràng', '叫 jiào', '令 lìng'이면 전체 문장은 사역문이 됩니다. 대표적인 사역동사를 그 뉘앙스에 따라서 분류하면, '让'은 '~에게 ~하게 하다', '叫'는 '~에게 ~하도록 (말로) 시키다'는 뜻을 나타내고, '令'은 인간의 '희로애락'에 관련된 내용에 주로 사용합니다.

주어	동사₁ (사역동사)	목적어₁ (동사₂의 주어)	동사₂	목적어₂	엄마가 나에게 방을 청소하라고 시키셨어요.
妈妈 Māma 엄마	叫 / 让 jiào / ràng ~에게 ~하도록 시키다	我 wǒ 나	打扫 dǎsǎo 청소하다	房间。 fángjiān. 방	

老师叫我来教室。 선생님께서 나에게 교실로 오라고 하셨어요.
Lǎoshī jiào wǒ lái jiàoshì.

她不让我看她的照片。 그녀는 나에게 자신의 사진을 보지 못하게 해요.
Tā bú ràng wǒ kàn tā de zhàopiàn.

最令你伤心的事儿是什么? 당신을 가장 슬프게 한 일은 뭐예요?
Zuì lìng nǐ shāngxīn de shìr shì shénme?

아래의 단어들을 어순에 맞게 배열하여 문장을 완성해 보세요.

(1) 我 / 饭 / 让 / 吃　　→　妈妈 _____。

(2) 让 / 多 / 喝 / 他 / 水　→　医生 _____。

(3) 做 / 作业 / 叫 / 我　→　妈妈 _____。

단어 打扫 dǎsǎo 동 청소하다 | 照片 zhàopiàn 명 사진 | 伤心 shāng//xīn 동 상심하다, 슬퍼하다

5 조건/원인 + '就 jiù' + 결과

조건이나 원인을 가정하고 그에 따른 결과를 언급할 때, 사이에 '就'를 쓰면 '~하면 (곧) ~하다'라는 뜻을 나타냅니다.

你不同意就算了。 네가 찬성하지 않는다면 됐어.
Nǐ bù tóngyì jiù suàn le.

有什么事儿就找我吧。 무슨 일이 있으면 나를 찾아라.
Yǒu shénme shìr jiù zhǎo wǒ ba.

'就'를 활용하여 주어진 두 개의 문장을 한 문장으로 만들고, 한국어로 옮겨 보세요.

(1) ① 坐一会儿　　　② 好了

　　중국어: _____

　　한국어: _____

(2) ① 吃药　　　　　② 不疼了

　　중국어: _____

　　한국어: _____

단어 同意 tóngyì 동 동의하다 | 算了 suànle 동 그만두다, 됐다 | 找 zhǎo 동 찾다

Track 05-05

1 我想 上完课 再去。

吃完饭 chīwán fàn

喝完咖啡 hēwán kāfēi

寄完包裹 jìwán bāoguǒ

2 好 多了。

漂亮 piàoliang

厚 hòu

旧 jiù

3 他让我多 休息 。

说汉语 shuō Hànyǔ

写汉字 xiě Hànzì

买点儿厚衣服 mǎi diǎnr hòu yīfu

어휘의 달인

Track 05-06

▶ 병원 관련 단어로 어휘 실력 업그레이드

耳鼻喉科
ěrbíhóukē
이비인후과

儿科
érkē
소아과

妇产科
fùchǎnkē
산부인과

眼科
yǎnkē
안과

内科
nèikē
내과

外科
wàikē
외과

牙科
yákē
치과

住院
zhù//yuàn
입원하다

出院
chū//yuàn
퇴원하다

듣기의 달인

Track 05-07

1 녹음을 듣고 제시된 문장이 내용과 일치하면 O, 틀리면 X를 표시하세요.

(1) 女的牙疼。   (   )

(2) 他们吃完饭去买妈妈的生日礼物。   (   )

(3) 女的感冒都好了。   (   )

(4) 女的还没吃饭。   (   )

(5) 老师不让女的多听、多说汉语。   (   )

Track 05-08

2 녹음을 듣고 제시된 보기 중 질문에 알맞은 답을 고르세요.

(1) A 昨天   B 今天   C 明天

(2) A 休息   B 喝水   C 打针

(3) A 一天   B 三天   C 一个月

회화의 달인

Track 05-09

▶ 아래 내용을 바탕으로, 2인 1조가 되어 서로 '大卫 Dàwèi'와 '玛丽 Mǎlì'의 역할을 바꾸어 가며 주어진 대화를 완성해 보세요.

这几天大卫脸色不太好。他头疼，还咳嗽，可能感冒了。玛丽让他去医院看病。他说上完课再去。下午玛丽去看大卫，问他怎么样。他说好多了，医生让他多喝水、多休息。

Zhè jǐ tiān Dàwèi liǎnsè bú tài hǎo. Tā tóu téng, hái késou, kěnéng gǎnmào le. Mǎlì ràng tā qù yīyuàn kànbìng. Tā shuō shàngwán kè zài qù. Xiàwǔ Mǎlì qù kàn Dàwèi, wèn tā zěnmeyàng. Tā shuō hǎo duōle, yīshēng ràng tā duō hē shuǐ、duō xiūxi.

대화

玛丽　你脸色不太好。怎么了？

大卫　_____

玛丽　你去医院看病了吗？

大卫　_____

　　　(시간 경과 후)

玛丽　医生怎么说？

大卫　_____

* 위의 대화를 완성한 후, 자신의 실제 상황에 맞게 친구와 대화해 보세요.

你会游泳吗?

Nǐ huì yóuyǒng ma?

당신은 수영할 수 있어요?

학습 목표

가능을 표시하는 '会'와 '能'의 차이, 동사가 반복될 때의 시량보어와 목적어의 위치 관계,
의문사 '怎么'의 불만 표시 기능 등에 대해서 학습합니다.

어법 사항

- 조동사 '会 huì'와 '能 néng'
- 불만 표시의 '怎么 zěnme'
- 시량보어(2)

21 你会游泳吗?

Nǐ huì yóuyǒng ma?

당신은 수영할 수 있어요?

22 你能教我游泳吗?

Nǐ néng jiāo wǒ yóuyǒng ma?

저에게 수영하는 걸 가르쳐 줄 수 있나요?

23 你怎么还在看电视呢?

Nǐ zěnme hái zài kàn diànshì ne?

당신은 왜 아직까지 텔레비전을 보고 있는 거예요?

24 你到底看电视看了几个小时了?

Nǐ dàodǐ kàn diànshì kànle jǐ ge xiǎoshí le?

당신은 도대체 텔레비전을 몇 시간째 보고 있는 거예요?

Track 06-01

刘子艺　你会游泳吗？
Liú Zǐyì　Nǐ huì yóuyǒng ma?

金志龙　会呀。我昨天也去游了一个小时。
Jīn Zhìlóng　Huì ya.　Wǒ zuótiān yě qù yóule yí ge xiǎoshí.

刘子艺　你每天都去游泳吗？
Liú Zǐyì　Nǐ měi tiān dōu qù yóuyǒng ma?

金志龙　一个星期游三次。
Jīn Zhìlóng　Yí ge xīngqī yóu sān cì.

刘子艺　你能教我游泳吗？
Liú Zǐyì　Nǐ néng jiāo wǒ yóuyǒng ma?

金志龙　当然可以。
Jīn Zhìlóng　Dāngrán kěyǐ.

☐	会	huì	조통 ~할 줄 알다, ~할 수 있다
☐	游泳	yóu//yǒng	통 수영하다, 헤엄치다
☐	呀	ya	조 '啊 a'의 발음 변이형 어기조사

* 啊 a 조 어투를 부드럽게 하는 어기조사

☐	游	yóu	통 수영하다, 헤엄치다
☐	小时	xiǎoshí	명 시간[시간의 길이]

* 分钟 fēnzhōng 명 분[시간의 길이]

☐	每天	měi tiān	명 매일

* 天天 tiāntiān 명 매일

* 每年 měi nián 명 매년, 매해

☐	次	cì	양 번, 회
☐	当然	dāngrán	부 당연히, 물론

확인 문제

회화❶을 잘 읽고, 다음 문장의 옳고 그름을 판단하세요.

1 金志龙每天都去游泳。   ○ ✕

  Jīn Zhìlóng měi tiān dōu qù yóuyǒng.

2 刘子艺想学游泳。   ○ ✕

  Liú Zǐyì xiǎng xué yóuyǒng.

陈一山　你怎么还在看电视呢？
Chén Yīshān　Nǐ zěnme hái zài kàn diànshì ne?

弟弟　这是最后一集了。
dìdi　Zhè shì zuìhòu yì jí le.

陈一山　你到底看电视看了几个小时了？
Chén Yīshān　Nǐ dàodǐ kàn diànshì kànle jǐ ge xiǎoshí le?

弟弟　两个小时。
dìdi　Liǎng ge xiǎoshí.

陈一山　作业做了吗？
Chén Yīshān　Zuòyè zuò le ma?

弟弟　再看半个小时就去做。
dìdi　Zài kàn bàn ge xiǎoshí jiù qù zuò.

단어 ②

| | 怎么 | zěnme | 때 (불만 표시의) 왜, 어째서 |

☐ 怎么　zěnme　때 (불만 표시의) 왜, 어째서

☐ 电视　diànshì　명 텔레비전, TV

　* 电影　diànyǐng　명 영화

☐ 最后　zuìhòu　명 최후, 마지막

☐ 集　jí　양 편, 회[영화나 드라마 등을 세는 단위]

☐ 到底　dàodǐ　부 도대체

☐ 作业　zuòyè　명 숙제, 과제

　* 做作业　zuò zuòyè　숙제를 하다

확인 문제

회화②를 잘 읽고, 다음 문장의 옳고 그름을 판단하세요.

1 陈一山的弟弟可能很喜欢看电视。　〇 ✕

　Chén Yīshān de dìdi kěnéng hěn xǐhuan kàn diànshì.

2 陈一山的弟弟做完作业了。　〇 ✕

　Chén Yīshān de dìdi zuòwán zuòyè le.

어법

1 조동사 '会 huì'와 '能 néng'

둘 다 '가능'을 나타내지만, '会'는 후천적인 학습, 훈련 등을 거쳐서 잘할 수 있게 된 능력, '能'은 특별한 연습 없이 금방 습득할 수 있는 능력을 표시합니다.

	주어	조동사 (会 / 能)	동사	목적어	의문조사	
会	我 Wǒ 나	会 huì ~할 수 있다	开 kāi 운전하다	卡车。 kǎchē. 트럭		나는 트럭을 운전할 수 있어요.
能	你 Nǐ 당신	能 néng ~할 수 있다	解决 jiějué 해결하다	问题 wèntí 문제	吗? ma? ~까?	당신은 문제를 해결할 수 있나요?

他会游碟泳。 그는 접영을 할 수 있어요.
Tā huì yóu diéyǒng.

我不会说英语。 나는 영어를 (말)할 줄 몰라요.
Wǒ bú huì shuō Yīngyǔ.

她明天能来学校吗? 그녀는 내일 학교에 올 수 있나요?
Tā míngtiān néng lái xuéxiào ma?

빈칸에 '会' 혹은 '能' 중 적절한 조동사를 넣고, 문장을 한국어로 옮겨 보세요.

(1) 上课不(   )说话。 → _____

(2) 他不(   )说汉语。 → _____

단어 卡车 kǎchē 몡 트럭 | 解决 jiějué 동 해결하다 | 碟泳 diéyǒng 몡 (수영의) 접영 | 说话 shuō//huà 동 말하다

2 불만 표시의 '怎么 zěnme'

'怎么 + 기타 성분 + 동사/형용사' 어순일 때, '怎么'는 의문사가 아니라 화자의 '불만'을 나타냅니다.

你怎么不早点儿来呢! 너는 왜 좀 일찍 오지 않는 거야!(지각에 대한 불만)
Nǐ zěnme bù zǎo diǎnr lái ne!

你怎么这么笨呢! 너는 왜 이렇게 멍청해!
Nǐ zěnme zhème bèn ne!

아래 보기 중 '불만'을 표시하는 것을 골라 보세요.

① 你每天怎么来学校?　　② 你怎么不早点儿来学校!

3 시량보어(2)

❼ 시량보어 구문에서 같은 동사를 반복할 때, 목적어는 첫 번째 동사 뒤에, 조사 '了₁', '过'와 시량보어는 두 번째 동사 뒤에 옵니다. 이때, 첫 번째 동사는 생략할 수 있습니다.
(시량보어(1)은 22쪽 참조)

주어	(동사)	목적어	동사	了₁/ 过	시량보어	
她 Tā 그녀	(坐) (zuò) (타다)	飞机 fēijī 비행기	坐 zuò 타다	了 le 완료	五个小时 wǔ ge xiǎoshí. 5시간	그녀는 비행기를 5시간 동안 탔어요.
我 Wǒ 나	(看) (kàn) (보다)	小说 xiǎoshuō 소설	看 kàn 보다	过 guo ~적 있다	八个小时。 bā ge xiǎoshí. 8시간	나는 소설을 8시간 동안 읽은 적이 있어요.

❹ '了₁'과 '了₂'가 동시에 등장하면, 말을 하고 있는 시점까지도 동작이 지속되고 있음을 나타냅니다.

我坐火车坐了三个小时了。
Wǒ zuò huǒchē zuòle sān ge xiǎoshí le.
나는 기차를 세 시간째 타고 있어요.(말하고 있는 지금도 타고 있다.)

我坐火车坐了三个小时。
Wǒ zuò huǒchē zuòle sān ge xiǎoshí.
나는 기차를 세 시간 탔어요.(기차를 세 시간 동안 탄 것은 과거의 일. 현재와의 관련성은 불분명)

다음 한국어에 해당하는 중국어를 골라 보세요.

(1) 그는 중국어를 1년간 배웠습니다.

　　① 他学汉语学了一年。　　② 他学汉语学了一年了。

(2) 그는 중국어를 1년째 배우고 있습니다.

　　① 他汉语学了一年。　　② 他汉语学了一年了。

바꾸어 말하기

1 你会 游泳 吗?

> 说汉语 shuō Hànyǔ
>
> 读汉字 dú Hànzì
>
> 做饭 zuò fàn

2 你怎么还在 看电视 呢?

> 吃饭 chī fàn
>
> 做作业 zuò zuòyè
>
> 游泳 yóuyǒng

3 他 看电视看 了两个小时了。

> 上课上 shàngkè shàng
>
> 做作业做 zuò zuòyè zuò
>
> 打电话打 dǎ diànhuà dǎ

어휘의 달인

▶ 운동 관련 단어로 어휘 실력 업그레이드

足球
zúqiú
축구

篮球
lánqiú
농구

棒球
bàngqiú
야구

网球
wǎngqiú
테니스

乒乓球
pīngpāngqiú
탁구

羽毛球
yǔmáoqiú
배드민턴

排球
páiqiú
배구

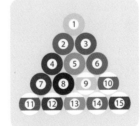

台球
táiqiú
당구

高尔夫球
gāo'ěrfūqiú
골프

듣기의 달인

Track 06-07

1 녹음을 듣고 제시된 문장이 내용과 일치하면 O, 틀리면 X를 표시하세요.

(1) 女的昨天看电视看了两个小时。 ( )

(2) 男的会游泳。 ( )

(3) 从星期一到星期四，女的每天都有课。 ( )

(4) 男的不想再吃了。 ( )

(5) 女的很喜欢吃面条。 ( )

Track 06-08

2 녹음을 듣고 제시된 보기 중 질문에 알맞은 답을 고르세요.

(1) A 去游泳　　　　B 看电视　　　　C 休息

(2) A 男的不能教女的游泳

　　　B 男的不喜欢游泳

　　　C 男的不想教女的游泳

(3) A 半个小时　　　　B 一个小时　　　　C 两个小时

▶ 아래 내용을 바탕으로, 2인 1조가 되어 서로 '大卫 Dàwèi'와 '玛丽 Mǎlì'의 역할을 바꾸어 가며 주어진 대화를 완성해 보세요.

大卫很喜欢游泳。他一个星期游三次，今天也去游泳了。玛丽不会游泳，她想学游泳。玛丽问大卫能不能教她游泳，大卫说他可以教玛丽游泳。

Dàwèi hěn xǐhuan yóuyǒng. Tā yí ge xīngqī yóu sān cì, jīntiān yě qù yóuyǒng le. Mǎlì bú huì yóuyǒng, tā xiǎng xué yóuyǒng. Mǎlì wèn Dàwèi néng bu néng jiāo tā yóuyǒng, Dàwèi shuō tā kěyǐ jiāo Mǎlì yóuyǒng.

대화

玛丽　_____

大卫　我会游泳。

玛丽　你每天都游泳吗?

大卫　_____

玛丽　_____

大卫　当然可以。

* 위의 대화를 완성한 후, 자신의 실제 상황에 맞게 친구와 대화해 보세요.

오해하기 쉬운 중국어(3): 무지개는 빨주노초파남보?

비 갠 오후 푸른 하늘 저 멀리 산허리에 무지개가 걸리면 기분은 물론이고 괜스레 발걸음마저 가벼워지는 것처럼 느껴지는 건 저만의 착각일까요? 보고 싶다고 해서 자주 볼 수 있는 건 아니지만, 그래도 일 년에 한두 번은 무지개를 목격하는 즐거움을 누려왔던 것 같습니다. 베이징, 상하이, 타이완, 홍콩, 일본 등지에서 개인적으로 목격했던 무지개 역시 언제나 그렇듯 아름답고 영롱한 자태를 자랑하고 있었습니다. 나라가 달라진다고 무지개가 색깔 순서를 달리해서 모습을 드러내지는 않을 테니 지극히 당연한 말을 하고 있는 건가요?

그렇지만 우리가 '빨주노초파남보'로 알고 있는 무지개색의 순서를, 대부분의 중국 사람들은 '红, 橙, 黄, 绿, 紫, 青, 蓝(hóng chéng huáng lǜ zǐ qīng lán)'의 순서로 말합니다.

红	橙	黄	绿	紫	青	蓝
hóng	chéng	huáng	lǜ	zǐ	qīng	lán
빨강	주황	노랑	초록	보라	청록	파랑

'青 qīng'은 중국에서 '청록'에 가까운 색을 나타내고, 우리들이 생각하는 '파랑'은 '蓝色 lánsè'라고 합니다. 같은 무지개인데 마지막 세 가지 색의 순서가 다르다는 걸 알겠죠?

주요 어법 복습

1 시량보어

동사의 뒤에서 동작을 행한 시간의 길이를 표시

㉮ 일반명사 목적어: 주어 + 동사 + 了₁ + 시량보어 + (的) + 목적어
(일반명사)

我看了一个小时(的)电视。 나는 TV를 한 시간 동안 봤어요.
Wǒ kànle yí ge xiǎoshí (de) diànshì.

㉯ 대명사 또는 이름·호칭 목적어: 주어 + 동사 + 了₁ + 목적어 + 시량보어
(대명사 or 이름·호칭)

老师等了你一个小时。 선생님께서 당신을 한 시간 동안 기다리셨어요.
Lǎoshī děngle nǐ yí ge xiǎoshí.

㉰ 지속 불가능한 동작 표시 동사: 주어 + 동사 + 목적어 + 시량보어 + 了₁
(지속 불가능한 동작)

他去中国两年了。 그가 중국에 간 지 2년 됐어요.
Tā qù Zhōngguó liǎng nián le.

㉱ 같은 동사를 반복: 주어 + (동사) + 목적어 + 동사 + 了₁ + 시량보어

她(坐)飞机坐了五个小时。 그녀는 비행기를 5시간 동안 탔어요.
Tā (zuò) fēijī zuòle wǔ ge xiǎoshí.

㉲ '了₁'과 '了₂': 말을 하고 있는 시점까지도 동작이 지속되고 있음을 표시

我坐火车坐了三个小时了。
Wǒ zuò huǒchē zuòle sān ge xiǎoshí le.
나는 기차를 세 시간째 타고 있어요.(말하고 있는 지금도 타고 있다.)

我坐火车坐了三个小时。
Wǒ zuò huǒchē zuòle sān ge xiǎoshí.
나는 기차를 세 시간 탔어요.(기차를 세 시간 동안 탄 것은 과거의 일. 현재와의 관련성은 불분명)

2 '过 guo'

경험(~한 적이 있다)을 표시

㉠ 긍정문: 동사 + '过'

我去过美国和中国。 나는 미국과 중국에 가 본 적이 있어요.
Wǒ qùguo Měiguó hé Zhōngguó.

㉡ 부정문: '没(有)' + 동사 + '过'

我没(有)去过日本。 나는 일본에 가 본 적이 없어요.
Wǒ méi(yǒu) qùguo Rìběn.

3 부사 '才 cái'와 '就 jiù'

수량이나 시간과 관련하여 화자의 주관적인 느낌을 표시

㉠ 才: (화자의 느낌상) 순조롭지 않다, 수량이 '많다', 시간이 '길다'

汉语课九点开始，他九点半才来。
Hànyǔ kè jiǔ diǎn kāishǐ, tā jiǔ diǎn bàn cái lái.
중국어 수업은 9시에 시작하는데, 그는 9시 반에야 (겨우) 왔어요.

㉡ 就: (화자의 느낌상) 순조롭다, 수량이 '적다', 시간이 '짧다'

汉语课九点开始，他八点半就来了。
Hànyǔ kè jiǔ diǎn kāishǐ, tā bā diǎn bàn jiù lái le.
중국어 수업은 9시에 시작하는데, 그는 8시 반에 (벌써) 왔어요.

4 정반의문문(3)

이미 완료된 동작에 대한 정반의문문에서의 '没(有)'의 위치

㉠ | 동사 | + | 没(有) | + | 동사 |

她走没(有)走？ 그녀는 갔나요 가지 않았나요?
Tā zǒu méi(yǒu) zǒu?

㉡ | 동사 | + | 목적어 | + | 了 | + | 没(有) |

你今天上课了没有？ 너는 오늘 수업을 들었니 안 들었니?
Nǐ jīntiān shàngkè le méiyǒu?

5 **겸어문**

동사₁의 목적어가 의미상 동사₂의 주어 역할을 '겸'하는 구문

㉮ 일반적인 겸어문: 주어 + 동사₁ + 목적어₁ + 동사₂ + 목적어₂
                                                    (동사₂의 주어)

公司派我去美国了。 회사가 저를 미국에 파견했어요.
Gōngsī pài wǒ qù Měiguó le.

㉯ 사역의 의미를 가지는 겸어문(2): 동사₁이 '让 ràng', '叫 jiào', '令 lìng'이면, '~에게 ~하도록 시키다'라는 뜻을 표시(사역문)

老师叫我来教室。 선생님이 나에게 교실로 오라고 하셨어요.
Lǎoshī jiào wǒ lái jiàoshì.

6 **조동사**

기본 어순: 주어 + 조동사 + 동사 + 목적어

㉮ 要 yào: 의지, 바람, 당위

1) 긍정문: ~하려고 하다, ~해야 한다

今天我要看电影。 오늘 나는 영화를 보려고 해요.
Jīntiān wǒ yào kàn diànyǐng.

2) 부정문: 不想 ~하고 싶지 않다 / 不要 ~하지 말아야 한다

今天我不想看电影。 오늘 나는 영화를 보고 싶지 않아요.
Jīntiān wǒ bù xiǎng kàn diànyǐng.

不要浪费钱。 돈을 낭비하지 마라.
Búyào làngfèi qián.

㉯ 得 děi: ~해야 한다

1) 긍정문: 你得请我吃饭。 당신은 나한테 밥을 한턱내야 해요.
　　　　　　Nǐ děi qǐng wǒ chī fàn.

2) 부정문: 不用 ~할 필요 없다

你不用请我吃饭。 당신은 나한테 밥을 한턱낼 필요 없어요.
Nǐ búyòng qǐng wǒ chī fàn.

⑬ 应该 yīnggāi: (마땅히, 당연히) ~해야 한다, (분명히) ~일 것이다

1) 긍정문: 你应该听你爸爸的话。 너는 (당연히) 너희 아빠 말씀을 들어야 해.
Nǐ yīnggāi tīng nǐ bàba de huà.

2) 부정문: 不应该 ~하지 말아야 한다

你不应该说谎话。 너는 거짓말을 하지 말아야 해.
Nǐ bù yīnggāi shuō huǎnghuà.

⑭ 会 huì: 후천적인 학습, 훈련 등을 거쳐서 잘할 수 있게 된 능력

1) 긍정문: 我会开卡车。 나는 트럭을 운전할 수 있어요.
Wǒ huì kāi kǎchē.

2) 부정문: 我不会开卡车。 나는 트럭을 운전할 수 없어요.
Wǒ bú huì kāi kǎchē.

⑮ 能 néng: 특별한 연습 없이 금방 습득할 수 있는 능력

1) 긍정문: 我能解决这个问题。 나는 이 문제를 해결할 수 있어요.
Wǒ néng jiějué zhège wèntí.

2) 부정문: 我不能解决这个问题。 나는 이 문제를 해결할 수 없어요.
Wǒ bù néng jiějué zhège wèntí.

---

7 미래 표시의 '就要 jiùyào……了 le'와 '快要 kuàiyào……了 le'

둘 중 '就要……了'가 좀 더 임박한 미래를 표시하고, '快要……了' 앞에는 구체적인 시각(시점)은 사용 불가

어순:	시각(시점) + 就要 / 快要	+	동사(형용사)구	+	了

(O)	下星期一 就要 Xià xīngqīyī jiùyào	考试 kǎoshì	了。 le.	다음 주 월요일에 곧 시험을 봐요.
(X)	下星期一 快要 Xià xīngqīyī kuàiyào	考试 kǎoshì	了。 le.	

8 선택의문문을 만드는 '还是 háishi'

A + 还是 + B (A인가 아니면 B인가)

你去还是我去? 네가 갈래 아니면 내가 갈까?
Nǐ qù háishi wǒ qù?

9 '是 shì' 존재문과 '有 yǒu' 존재문

'是'는 배타형 존재문, '有'는 포괄형 존재문을 표시

图书馆的一楼是阅览室。
Túshūguǎn de yī lóu shì yuèlǎnshì.
도서관의 1층은 열람실입니다.(열람실 이외의 존재는 배제)

图书馆的一楼有阅览室。
Túshūguǎn de yī lóu yǒu yuèlǎnshì.
도서관의 1층에는 열람실이 있어요.(매점 등 다른 시설도 함께 있을 가능성을 암시)

10 개사 '离 lí'

离 + 두 지점 사이의 공간적·시간적인 격차 계산에 필요한 기준점

㉮ '离' + 출발점: ~에서

你家离这儿远吗? 당신 집은 여기에서 멀어요?(여기 = 출발 기준점)
Nǐ jiā lí zhèr yuǎn ma?

㉯ '离' + 도착점: ~까지

离生日还有两天。 생일까지는 아직 이틀이 남아 있어요.(생일 = 도착 기준점)
Lí shēngrì hái yǒu liǎng tiān.

11 동량사(1): 일반명사와 인명 · 지명 목적어

㉮ 일반명사 목적어: 주어 + 서술어 + 수사 + 동량사 + 목적어

我看了一次表。 나는 시계를 한 번 봤어요.(목적어의 앞)
Wǒ kànle yí cì biǎo.

我看过一次棒球比赛。 나는 야구 시합을 한 번 본 적이 있어요.
Wǒ kànguo yí cì bàngqiú bǐsài.

㉯ 인명 · 지명 목적어: '수사 + 동량사'는 목적어의 앞 혹은 뒤 둘 다 가능

她去了一趟美国。 그녀는 미국을 한 번 갔다왔어요.
Tā qùle yí tàng Měiguó.
(= 她去了美国一趟。 Tā qùle Měiguó yí tàng.)

12 연동문(3)

동사 '有'를 포함하는 연동문은 뒤에서부터 번역

㉮ 동사₁ 有와 동사₂가 사건의 발생 순서

她有事来我家。
Tā yǒu shì lái wǒ jiā.
그녀는 우리 집에 올 일이 있어요.(그녀는 일이 있어서 우리 집에 온다.)

㉯ 동사₁ 有와 동사₂의 목적어가 의미상 동일(목적어₁ = 목적어₂)

我有问题要问(问题)。
Wǒ yǒu wèntí yào wèn(wèntí).
나는 물어볼 질문이 있어요.(有와 问의 공통 목적어 = 问题)

13 단순방위사

방향 혹은 위치를 표시하는 한 글자 단어로, 주로 명사와 결합하지만, 간혹 동사, 개사와 함께 쓰임

前 ↔ 后		左 ↔ 右		上 ↔ 下		里 ↔ 外		东 ↔ 西		南 ↔ 北	
qián	hòu	zuǒ	yòu	shàng	xià	lǐ	wài	dōng	xī	nán	běi
앞	뒤	왼쪽	오른쪽	위	아래	안	바깥	동	서	남	북

❷ **명사 + 단순방위사:** 门前 mén qián 문앞

❹ **단순방위사 + 명사:** 右手 yòushǒu 오른손

❸ **개사 + 단순방위사:** 往上跑 wǎng shàng pǎo 위쪽으로 뛰다

❷ **동사 + 단순방위사:** 她走后，我应该怎么办?
　　　　　　　　　　　Tā zǒu hòu, wǒ yīnggāi zěnme bàn?
　　　　　　　　　　　그녀가 떠난 뒤, 나는 어떻게 해야 하나요?

14 주술술어문

서술어 부분이 다시 주어와 서술어로 구성된 문형

어순:　[대]주어　+　　　　　[대]서술어
　　　　　　　　　　[소]주어　+　(부정사)　+　[소]서술어

❷ **긍정문:** 我们学校学生很多。 우리 학교는 학생이 많아요.
　　　　　　Wǒmen xuéxiào xuésheng hěn duō.

❹ **부정문:** 我们学校学生不多。 우리 학교는 학생이 많지 않아요.
　　　　　　Wǒmen xuéxiào xuésheng bù duō.

❸ **의문문:** 他工作忙不忙? 그는 일이 바쁜가요 안 바쁜가요?
　　　　　　Tā gōngzuò máng bu máng?

15 결과보어

동사의 바로 뒤에서 동사 때문에 발생한 결과를 표시

❷ **긍정문:** 我听懂了你的话。 나는 당신의 말을 알아들었어요.
　　　　　　Wǒ tīngdǒngle nǐ de huà.

❹ **부정문:** 我没听懂你的话。 나는 당신의 말을 알아듣지 못했어요.
　　　　　　Wǒ méi tīngdǒng nǐ de huà.

16 양태보어(1): 정도 표시의 '多了 duōle'

양태보어는 서술어의 뒤에서 서술어의 정도를 강조하거나 상태를 묘사·평가하는 보어
서술어의 바로 뒤에 붙는 양태보어는 '多了 duōle', '极了 jíle', '死了 sǐle' 등의 소수에 불과

我高兴极了。 나는 정말 기분이 좋아요.
Wǒ gāoxìng jíle.

今天我累死了。 오늘 나는 피곤해 죽겠어요.
Jīntián wǒ lèi sǐle.

这次期末考试容易多了。 이번 기말고사는 정말 쉬웠어요.
Zhè cì qīmò kǎoshì róngyì duōle.

17 조건 / 원인 + '就 jiù' + 결과

'조건/원인(가정)'과 결과 사이에 '就'를 쓰면 '~하면 (곧) ~하다'라는 뜻을 표시

你不同意就算了。 당신이 찬성하지 않는다면 됐어요.
Nǐ bù tóngyì jiù suàn le.

有什么事儿就找我吧。 무슨 일이 있으면 나를 찾아라.
Yǒu shénme shìr jiù zhǎo wǒ ba.

18 불만 표시의 '怎么 zěnme'

怎么 + 기타 성분 + 동사 / 형용사

你怎么不早点儿来呢! 너는 왜 좀 일찍 오지 않는 거야!(지각에 대한 불만)
Nǐ zěnme bù zǎodiǎnr lái ne!

你怎么这么笨呢! 너는 왜 이렇게 멍청해!
Nǐ zěnme zhème bèn ne!

베이징 '전문(前门 Qiánmén)' 현판의 필획: 황제의 자존심과 바꾼 글씨체

중국 베이징의 자금성(紫禁城 Zǐjìnchéng)에는 궁궐 정문에 해당하는 천안문(天安门 Tiān'ānmén)이 있고, 서울의 경복궁(景福宮)에는 광화문(光化門)이 있습니다. 천안문 앞에 드넓게 펼쳐진 천안문 광장을 남쪽으로 내려가면 '전문(前门 Qiánmén)'이 그 위용을 드러냅니다. 마치 광화문에서 남산 쪽으로 걷다 보면 남대문이 나타나는 것처럼 말이죠. '숭례문(崇禮門)'이 남대문의 정식 이름이듯, '전문' 역시 '정양문(正阳门 Zhèngyángmén)'이라는 정식 명칭이 따로 있습니다.

서론이 좀 길었지만, 여기서 숭례문과 정양문의 '현판'을 한번 비교해 볼까요?

숭례문의 '門'은 오른쪽 끝부분이 갈고리처럼 안쪽으로 굽어 있지만, 정양문은 그냥 밋밋하게 밑으로 쭉 뻗어 있을 뿐입니다. 원래 '門'이라는 한자는 숭례문의 현판 글씨처럼 써야 맞습니다. 한자를 만든 중국에서 잘못 쓴 현판을 수백 년 동안 정양문에 달아 두고 있는 셈이죠. 정양문의 '門'자에 관한 몇 가지 흥미로운 야사가 전해지고 있는데, 여기시는 가장 유력한 설을 소개합니다.

　높이 '33m'에 달하는 정양문은 1419년 축조 당시에는 '려정문(丽正门 Lìzhèngmén)'으로 불리다가 명나라 영종(英宗 1436~1449) 때 지금의 이름으로 바뀌었습니다. 당시에는 '門'자를 정확하게 표기했다고 합니다.

　1493년, 극심한 가뭄과 수백억 마리에 달하는 메뚜기떼로 인한 '황재(蝗灾 huángzāi)'로 인하여 굶어 죽는 백성이 속출하고 있었습니다. 당시 황제였던 명의 효종(孝宗 Xiàozōng)은 고생하는 백성들의 실정을 친히 살펴보기 위하여 문무백관을 대동하고 민정 시찰을 나갑니다. 궁을 나온 황제 일행이 정양문을 막 벗어나려고 하는데, 바로 눈앞에서 먹구름처럼 시커먼 메뚜기떼가 황제 일행을 향하여 밀어닥치는 게 아닙니까. 신하들이 급히 황제를 둘러싸고 정양문 안쪽의 비상 통로로 몸을 피했지만, 메뚜기떼의 공격은 더욱 심해졌고, 겁에 질린 황제는 결국 말머리를 돌려 자금성으로 달아나게 됩니다. 민정 시찰은커녕 정양문조차도 벗어나지 못하는 추태를 연출한 효종은 문무백관 앞에서 황제로서의 체면을 구기게 된 셈이죠. 이에 효종은 어전회의에서 다음과 같은 핑계를 댔다고 합니다.

　"짐이 원래 성문을 나서려고 했는데, 갑자기 뒤에서 갈고리 같은 게 용포를 잡아당기는 느낌이 들더구나. 그래서 어쩔 수 없이 귀궁은 했지만, 지금 곰곰이 그 까닭을 생각해 보니까 정양문 현판의 문(門)자에 갈고리처럼 생긴 게 있지 않은가. 거기에 왠지 옷이 걸릴 것처럼 보이는 게 정말 불길한 예감이 드는구나! 문이란 원래 사통팔달하라고 만들어진 것인데, 한자에 갈고리 모양이 있다는 게 말이 안 되지 않은가!"

　간사한 대신이 황제의 의도를 재빨리 파악하고, 정양문의 '門'자를 갈고리가 없는 글자로 새로 써서 걸었다고 합니다. 황제의 말도 안 되는 핑계를 듣고, 그런 황제의 체면을 재빨리 살려 주어야 했던 신하의 처신도 봉건시대 절대권력의 모습을 잘 보여 준다고 하겠습니다. 베이징에 가게 되면 꼭 '정양문(正陽門)'의 현판을 확인해 보시기 바랍니다.

출처:《中國檔案報》(總第3168期 第四版)

今天的晚饭吃得很饱。

Jīntiān de wǎnfàn chī de hěn bǎo.

오늘 저녁밥은 배부르게 먹었어요.

학습 목표

동사의 동작에 대하여 묘사하고 평가하는 양태보어 구문이 목적어를 가질 경우의 어순과 점층복문을 중점적으로 학습합니다. 또한 형용사 '好'가 접두사로 작용할 때 결합하는 동사의 특성과 복합방위사에 대해서도 함께 익힙니다.

어법 사항

- 복합방위사
- '我们 wǒmen'과 '咱们 zánmen'의 차이
- 양태보어(2)
- 접두사 '好 hǎo' + 동사
- 점층복문: '不但 búdàn + A, + 而且 érqiě + B'

25 学校前边新开了一家饭馆儿。

Xuéxiào qiánbian xīn kāile yì jiā fànguǎnr.

학교 앞에 레스토랑이 하나 새로 개업했어요.

26 咱们什么时候去尝尝吧。

Zánmen shénme shíhou qù chángchang ba.

우리 언제 한번 가서 맛봐요.

27 今天的晚饭吃得很饱。

Jīntiān de wǎnfàn chī de hěn bǎo.

오늘 저녁밥은 배부르게 먹었어요.

28 不但菜很好吃，而且服务员也很热情。

Búdàn cài hěn hǎochī, érqiě fúwùyuán yě hěn rèqíng.

요리가 맛있을 뿐 아니라, 종업원도 친절해요.

刘子艺
Liú Zǐyì

学校前边新开了一家饭馆儿。

Xuéxiào qiánbian xīn kāile yì jiā fànguǎnr.

陈一山
Chén Yīshān

我也听说了。

Wǒ yě tīngshuō le.

刘子艺
Liú Zǐyì

我还听一个同学说去那家必吃火锅。

Wǒ hái tīng yí ge tóngxué shuō qù nà jiā bì chī huǒguō.

陈一山
Chén Yīshān

咱们什么时候去尝尝吧。

Zánmen shénme shíhou qù chángchang ba.

刘子艺
Liú Zǐyì

这个周末，怎么样?

Zhège zhōumò, zěnmeyàng?

陈一山
Chén Yīshān

一言为定。

Yì yán wéi dìng.

단어 ①

☐	前边	qiánbian	명 앞(쪽)
☐	开	kāi	동 열다, 개업하다
☐	家	jiā	양 집[집, 가게 등을 세는 단위]
☐	饭馆儿	fànguǎnr	명 식당, 레스토랑
☐	必	bì	부 반드시
☐	火锅	huǒguō	명 훠궈[요리 이름]
☐	咱们	zánmen	대 우리
☐	尝	cháng	동 맛보다
☐	周末	zhōumò	명 주말
☐	一言为定	yì yán wéi dìng	한마디로 결정하다

확인 문제

회화❶을 잘 읽고, 다음 문장의 옳고 그름을 판단하세요.

1 刘子艺不知道学校前边有没有饭馆儿。　○ ✕

　Liú Zǐyì bù zhīdào xuéxiào qiánbian yǒu méiyǒu fànguǎnr.

2 周末陈一山他们想去学校前边的饭馆儿吃饭。　○ ✕

　Zhōumò Chén Yīshān tāmen xiǎng qù xuéxiào qiánbian de fànguǎnr chī fàn.

Track 07-03

刘子艺 Liú Zǐyì	今天的晚饭吃得很饱。 Jīntiān de wǎnfàn chī de hěn bǎo.

陈一山 Chén Yīshān	我也是。这家的菜又便宜又^①好吃，棒极了。 Wǒ yě shì. Zhè jiā de cài yòu piányi yòu hǎochī, bàng jíle.

刘子艺 Liú Zǐyì	是啊。不但菜很好吃，而且服务员也很热情。 Shì a. Búdàn cài hěn hǎochī, érqiě fúwùyuán yě hěn rèqíng.

陈一山 Chén Yīshān	我想再来这家尝尝别的菜。 Wǒ xiǎng zài lái zhè jiā chángchang biéde cài.

刘子艺 Liú Zǐyì	那咱们下周六再来吃，怎么样？ Nà zánmen xià zhōuliù zài lái chī, zěnmeyàng?

陈一山 Chén Yīshān	太好了。 Tài hǎo le.

Check Check!!! ✏️

① '又……又……'는 두 가지(혹은 그 이상의) 상태나 상황이 동시에 발생함을 나타내는 구문으로, '～하기도 하고,
～하기도 하다'는 뜻을 나타냅니다.

예 她又漂亮又聪明。 그녀는 아름다우면서도 똑똑합니다.
　 Tā yòu piàoliang yòu cōngming.

단어 聪明 cōngming 혱 똑똑하다

단어 ②

☐	得	de	조 동사나 형용사의 뒤에 쓰여서 보어를 연결하는 조사
☐	饱	bǎo	형 배부르다
☐	菜	cài	명 요리
☐	又……又……	yòu……yòu……	~하기도 하고 ~하기도 하다
☐	便宜	piányi	형 싸다
☐	好吃	hǎochī	형 맛있다
☐	棒	bàng	형 훌륭하다
☐	极了	jíle	극히, 몹시, 대단히
☐	不但……而且……	búdàn……érqiě……	~뿐만 아니라 게다가~
☐	热情	rèqíng	형 친절하다
☐	别的	biéde	명 다른 것
☐	周六	zhōuliù	명 토요일

확인 문제

회화②를 잘 읽고, 다음 문장의 옳고 그름을 판단하세요.

1 这家饭馆儿的菜很便宜，可是不好吃。　○ ×

　Zhè jiā fànguǎnr de cài hěn piányi, kěshì bù hǎochī.

2 这家饭馆儿的服务员很热情。　○ ×

　Zhè jiā fànguǎnr de fúwùyuán hěn rèqíng.

어법

1 복합방위사

'단순방위사'가 '边 biān' 또는 '面 miàn'과 결합하면 '~쪽'이라는 뜻의 '복합방위사'가 됩니다. 이때, '边'은 경성(bian)으로 변하지만, '旁边 pángbiān'만은 원래 성조를 유지합니다. '面'은 원래 성조를 유지한다는 점과 '旁 páng'과 결합하지 않는다는 점 외에는 '边'과 같으며, 둘 다 '儿'화되는 경향이 있습니다.

단순방위사 + '边(儿) biān(r) / 面(儿) miàn(r)'		
前边(儿) qiánbian(r) 앞쪽	↔	后边(儿) hòubian(r) 뒤쪽
左边(儿) zuǒbian(r) 왼쪽	↔	右边(儿) yòubian(r) 오른쪽
上边(儿) shàngbian(r) 위쪽	↔	下边(儿) xiàbian(r) 아래쪽
里边(儿) lǐbian(r) 안쪽	↔	外边(儿) wàibian(r) 바깥쪽
东边(儿) dōngbian(r) 동쪽	↔	西边(儿) xībian(r) 서쪽
南边(儿) nánbian(r) 남쪽	↔	北边(儿) běibian(r) 북쪽
旁边(儿) pángbiān(r) 옆쪽		

窗户前边儿有一棵树。 창 앞쪽에는 나무 한 그루가 있어요.
Chuānghu qiánbianr yǒu yì kē shù.

她家在银行旁边儿。 그녀의 집은 은행 옆에 있어요.
Tā jiā zài yínháng pángbiānr.

桌子上面有什么? 책상 위에는 무엇이 있나요?
Zhuōzi shàngmiàn yǒu shénme?

아래 한국어를 중국어로 바꾸어 문장을 완성해 보세요.

(1) (앞쪽) ＿＿＿＿＿＿＿＿＿ 就是王老师家。

(2) 弟弟在我 (뒤쪽) ＿＿＿＿＿＿＿＿＿。

단어 窗户 chuānghu 몡 창문 | 棵 kē 양 그루[나무를 세는 단위] | 树 shù 몡 나무 |
银行 yínháng 몡 은행 | 桌子 zhuōzi 몡 책상, 테이블

2 '我们 wǒmen'과 '咱们 zánmen'의 차이

'咱们'은 '我们'과 달리 내가 속해 있는 그룹은 물론 이고 같은 공간에 있는 상대방 그룹의 멤버까지도 함께 포함합니다.

我们是二年级，你们是一年级，咱们都是同一个学校的学生。
Wǒmen shì èr niánjí, nǐmen shì yī niánjí, zánmen dōu shì tóng yí ge xuéxiào de xuésheng.
우리는 2학년이고, 너희는 1학년이지만, 우리들은 모두 같은 학교의 학생이다.

다음 한국어에 해당하는 중국어를 골라 보세요.

너희는 1시에 중국어 수업이 있고, 우리는 2시에 중국어 수업이 있어.

① 你们一点有汉语课，我们两点有汉语课。
② 你们一点有汉语课，咱们两点有汉语课。

단어 年级 niánjí 명 학년 | 同 tóng 형 같은

3 양태보어(2)

'양태보어' 구문에 목적어가 있을 때는 동사를 반복합니다. 이때, 조사 '得'는 동사와 양태보어 사이에서 접착제 역할을 합니다. 의미의 중점이 보어에 있기 때문에 부정문에서는 보어를 부정하며, 첫 번째 동사는 생략할 수도 있습니다.(양태보어(1)은 77쪽 참조)

	주어	동사	목적어	동사	得	양태보어	
긍정문	他 Tā 그	(写) (xiě) (쓰다)	作业 zuòyè 숙제	写 xiě 쓰다	得 de	太慢。 tài màn. 너무 느리다	그는 숙제하는 게 너무 느려요.
부정문	他 Tā 그	(写) (xiě) (쓰다)	作业 zuòyè 숙제	写 xiě 쓰다	得 de	不慢。 bú màn. 느리지 않다	그는 숙제하는 게 느리지 않아요.
목적어가 없을 때	我 Wǒ 나			来 lái 오다	得 de	有点儿晚了。 yǒudiǎnr wǎn le. 조금 늦다	나는 좀 늦게 왔어요.

我吃饭吃得很干净。 나는 밥을 아주 깨끗하게 먹어요.
Wǒ chī fàn chī de hěn gānjìng.

她长得又高又瘦。 그녀는 키도 크고 말랐어요.
Tā zhǎng de yòu gāo yòu shòu.

다음 중국어를 부정문으로 바꾸어 보세요.

(1) 他写汉字写得很快。 → _____

(2) 他说汉语说得很好。 → _____

(3) 他饭吃得很多。 → _____

단어 慢 màn 형 느리다 | 晚 wǎn 형 늦다 | 干净 gānjìng 형 깨끗하다 |
长 zhǎng 동 자라다, 생기다 | 瘦 shòu 형 마르다, 여위다 | 快 kuài 형 빠르다

---

4 접두사 '好 hǎo' + 동사

접두사 '好'는 감각동사나 (주로 한 글자의) 신체 동작동사와 결합하여 '~하기 좋다', '~하기
편하다'는 뜻의 형용사를 만듭니다.

好 hǎo		동사		형용사
好		吃 chī		好吃 hǎochī (음식이) 맛있다
好		喝 hē		好喝 hǎohē (음료가) 맛있다
好	+	听 tīng	=	好听 hǎotīng (음악, 소리 등이) 귀에 듣기 좋다
好		看 kàn		好看 hǎokàn (외모, 옷, 장식 등이) 아름답다
好		走 zǒu		好走 hǎozǒu (길이) 걷기 편하다, 걷기 좋다

아래 단어와 관련 있는 그림을 찾아 연결해 보세요.

(1) 好看   (2) 好喝   (3) 好吃   (4) 好听
    •   •   •   •

    •   •   •   •
①   ②   ③   ④

5 점층복문: '不但 búdàn + A, + 而且 érqiě + B'

단문 A, B가 결합할 때, 'A'보다 더 심화·발전된 내용이나 상황이 'B'에 오는 것을 '점층복문'
이라고 합니다. 만약 A, B의 주어가 같다면, 주어는 '不但'의 앞에 옵니다.

她不但喜欢喝咖啡，而且还喜欢喝中国茶。
Tā búdàn xǐhuan hē kāfēi, érqiě hái xǐhuan hē Zhōngguó chá.
그녀는 커피 마시는 것을 좋아할 뿐만 아니라, 중국차 마시는 것도 좋아해요.

不但我想买新手机，而且我妹妹也想买。
Búdàn wǒ xiǎng mǎi xīn shǒujī, érqiě wǒ mèimei yě xiǎng mǎi.
내가 새 핸드폰을 사고 싶어 할 뿐만 아니라, 내 여동생도 사고 싶어 해요.

'不但'이 들어갈 자리를 찾아 표시하고, 한국어로 옮겨 보세요.

(1) ①我②爸爸③会④说汉语，而且还会说日语。

→ _____

(2) ①我②爸爸③会④说汉语，而且我妈妈也会说汉语。

→ _____

바꾸어 말하기

1 我听一个同学说 去那家必吃火锅 。

明天不上课 míngtiān bú shàngkè
王老师还没结婚 Wáng lǎoshī hái méi jiéhūn
玛丽的汉语很好 Mǎlì de Hànyǔ hěn hǎo

2 这家的菜 又 便宜 又 好吃 。

那家的菜 nà jiā de cài   贵 guì   不好吃 bù hǎochī
那件衣服 nà jiàn yīfu   便宜 piányi   漂亮 piàoliang
他的手机 tā de shǒujī   小 xiǎo   轻 qīng

3 不但 菜很好吃 ，而且 服务员也很热情 。

她很漂亮
tā hěn piàoliang

颜色很漂亮
yánsè hěn piàoliang

她姐姐也很漂亮
tā jiějie yě hěn piàoliang

款式也不错
kuǎnshì yě búcuò

보충 단어

轻 qīng 형 가볍다

어휘의 달인

▶ 고기&채소 관련 단어로 어휘 실력 업그레이드

牛肉
niúròu
소고기

羊肉
yángròu
양고기

猪肉
zhūròu
돼지고기

金针菇
jīnzhēngū
팽이버섯

香菇
xiānggū
표고버섯

木耳
mù'ěr
목이버섯

莲藕
lián'ǒu
연근

蔬菜拼盘
shūcài pīnpán
모둠 채소

豆腐
dòufu
두부

듣기의 달인

1 녹음을 듣고 제시된 문장이 내용과 일치하면 O, 틀리면 X를 표시하세요.

(1) 学校前边饭馆儿的菜不好吃。 ( )

(2) 大卫写汉字写得很好。 ( )

(3) 男的到现在没吃过火锅。 ( )

(4) 不但小王的爸爸会说汉语，而且小王的妈妈也会说汉语。 ( )

(5) 女的今天吃得不饱。 ( )

2 녹음을 듣고 제시된 보기 중 질문에 알맞은 답을 고르세요.

(1) A 不好吃 　　　 B 还可以 　　　 C 太好吃了

(2) A 大卫又会写汉字又会说汉语

　　　 B 大卫会说汉语，可是不会写汉字

　　　 C 大卫不但不会写汉字，而且也不会说汉语

(3) A 上个星期一 　　　 B 上个星期六 　　　 C 没来过

▶ 아래 내용을 바탕으로, 2인 1조가 되어 서로 '大卫 Dàwèi'와 '玛丽 Mǎlì'의 역할을 바꾸어 가며 주어진 대화를 완성해 보세요.

> 玛丽听一个同学说，学校前边新开了一家饭馆儿。她想去那家尝尝火锅。大卫也听说去学校前边新开的饭馆儿必吃火锅。他们俩说好周末一起去。
>
> Mǎlì tīng yí ge tóngxué shuō, xuéxiào qiánbian xīn kāile yì jiā fànguǎnr. Tā xiǎng qù nà jiā chángchang huǒguō. Dàwèi yě tīngshuō qù xuéxiào qiánbian xīn kāi de fànguǎnr bì chī huǒguō. Tāmen liǎ shuōhǎo zhōumò yìqǐ qù.

대화

玛丽　我听一个同学说学校前边新开了一家饭馆儿。你听说了吗？

大卫　_____

玛丽　我还听说那家的火锅很好吃。我想去尝尝，你呢？

大卫　_____

玛丽　咱们什么时候去尝尝吧。

大卫　_____

玛丽　一言为定。

* 위의 대화를 완성한 후, 자신의 실제 상황에 맞게 친구와 대화해 보세요.

你不是不爱运动吗?

Nǐ bú shì bú ài yùndòng ma?

당신은 운동하는 걸 안 좋아하지 않나요?

학습 목표

'동사 + 得 / 不 + 결과보어' 형태의 가능보어 만들기, 완료를 표시하는 조사 '了,'이 미래의 문장에 쓰여서 동작의 시간적인 전후 관계를 표시하는 용법 및 '부정반어문'을 활용한 강조 구문 만들기를 중심으로 학습합니다.

어법 사항

– 부정반어문: '不是 bú shì + A + 吗 ma?'
– 동사₁ + '了₁ le' + (목적어) + '就 jiu' + 동사₂
– 가능보어(1): '동사 + 得 de / 不 bu + 결과보어'

29 你不是不爱运动吗?

Nǐ bú shì bú ài yùndòng ma?

당신은 운동하는 걸 안 좋아하지 않나요?

30 明天早上六点半在校门口见了面就出发。

Míngtiān zǎoshang liù diǎn bàn zài xiào ménkǒu jiànle miàn jiù chūfā.

내일 아침 6시 반에 교문 앞에서 만나서 출발해요.

31 我累了，跑不动了。

Wǒ lèi le, pǎo bu dòng le.

저는 지쳤어요. 뛸 수가 없어요.

刘子艺　我决定从明天开始去跑步。
Liú Zǐyì　Wǒ juédìng cóng míngtiān kāishǐ qù pǎobù.

金志龙　你不是不爱运动吗?
Jīn Zhìlóng　Nǐ bú shì bú ài yùndòng ma?

刘子艺　最近我胖了两公斤。
Liú Zǐyì　Zuìjìn wǒ pàngle liǎng gōngjīn.

你看我的这个大肚子。
Nǐ kàn wǒ de zhège dà dùzi.

金志龙　我也得运动运动。
Jīn Zhìlóng　Wǒ yě děi yùndòng yùndòng.

咱们一起去锻炼吧。
Zánmen yìqǐ qù duànliàn ba.

刘子艺　好。明天早上六点半在校门口见了面就出发。
Liú Zǐyì　Hǎo.　Míngtiān zǎoshang liù diǎn bàn zài xiào ménkǒu jiànle
miàn jiù chūfā.

단어 ①

Track 08-02

☐	决定	juédìng	통 결정하다
☐	跑步	pǎo//bù	통 달리기하다, 조깅을 하다
☐	爱	ài	통 ~하기를 좋아하다, 즐기다
☐	运动	yùndòng	통 운동하다
☐	胖	pàng	형 뚱뚱하다
☐	公斤	gōngjīn	양 킬로그램(kg)
☐	肚子	dùzi	명 배[신체]
☐	锻炼	duànliàn	통 단련하다
☐	早上	zǎoshang	명 아침
☐	门口	ménkǒu	명 입구
☐	见面	jiàn//miàn	통 만나다
☐	出发	chūfā	통 출발하다

확인 문제

회화①을 잘 읽고, 다음 문장의 옳고 그름을 판단하세요.

1 刘子艺明天要去跑步。　○ ×

　Liú Zǐyì míngtiān yào qù pǎobù.

2 刘子艺最近胖了。　○ ×

　Liú Zǐyì zuìjìn pàng le.

刘子艺	我累了，跑不动了。
Liú Zǐyì	Wǒ lèi le, pǎo bu dòng le.

金志龙	那咱们休息一会儿吧。
Jīn Zhìlóng	Nà zánmen xiūxi yíhuìr ba.

刘子艺	你喝点儿什么？我去帮你买瓶饮料。
Liú Zǐyì	Nǐ hē diǎnr shénme? Wǒ qù bāng nǐ mǎi píng yǐnliào.

金志龙	什么？饮料？
Jīn Zhìlóng	Shénme? Yǐnliào?

刘子艺	怎么了？
Liú Zǐyì	Zěnme le?

金志龙	你不是说要减肥吗？
Jīn Zhìlóng	Nǐ bú shì shuō yào jiǎnféi ma?

	喝饮料容易长胖啊！
	Hē yǐnliào róngyì zhǎngpàng a!

刘子艺	以后饮料也不能喝了！
Liú Zǐyì	Yǐhòu yǐnliào yě bù néng hē le!

단어 ②

☐	累	lèi	혱 지치다, 피곤하다
☐	跑	pǎo	됭 뛰다, 달리다
☐	动	dòng	됭 움직이다
☐	帮	bāng	됭 돕다
☐	瓶	píng	양 병[병에 든 음료를 세는 단위]
☐	饮料	yǐnliào	명 음료
☐	减肥	jiǎn//féi	됭 다이어트를 하다
☐	容易	róngyì	혱 ~하기 쉽다
☐	长胖	zhǎngpàng	됭 살찌다

확인 문제

회화②를 잘 읽고, 다음 문장의 옳고 그름을 판단하세요.

1 刘子艺想减肥。 ○ ✕

Liú Zǐyì xiǎng jiǎnféi.

2 喝饮料容易减肥。 ○ ✕

Hē yǐnliào róngyì jiǎnféi.

어법

1 부정반어문: '不是 bú shì + A + 吗 ma?'

강조하고 싶은 내용 'A'를 '不是'와 '吗' 사이에 두면 '부정반어문'이 됩니다. 부정반어문은 주로 긍정의 의미를 한층 더 강조하기 위해 사용하는 문형일 뿐, 상대방에게 특별히 대답을 요구하지는 않습니다.

你不是会说汉语吗? 너는 중국어 할 수 있지 않아?(중국어를 할 수 있다.)
Nǐ bú shì huì shuō Hànyǔ ma?

这本书不是你的吗? 이 책 네 거 아니야?(책은 너의 것이 분명하다.)
Zhè běn shū bú shì nǐ de ma?

다음 중국어가 전달하고자 하는 의미를 정확하게 표현한 한국어를 골라 보세요.

(1) 他明天不是有汉语课吗?

　　① 그는 내일 중국어 수업이 있다.　　② 그는 내일 중국어 수업이 없다.

(2) 他不是爱吃中国菜吗?

　　① 그는 평소 중국요리를 즐겨 먹는다.　　② 그는 평소 중국요리를 즐겨 먹지 않는다.

---

2 동사₁ + '了₁ le' + (목적어) + '就 jiù' + 동사₂

완료를 표시하는 '了₁'은 미래 혹은 아직 발생하지 않은 사건에 대하여 사용할 수도 있습니다. 이 문형에서 '동사₁'은 '동사₂'를 수행하기 위한 가정조건의 뜻을 나타내기 때문에 '동사₁'이 시간적으로 먼저 완료되어야 '동사₂'의 동작이 가능하게 됩니다.

주어	동사₁	了₁	목적어	就	동사₂	
我 Wǒ 나	吃 chī 먹다	了 le (완료)	饭 fàn 밥	就 jiù 바로	想睡觉。 xiǎng shuìjiào. 자고 싶다	나는 밥을 먹으면 바로 자고 싶어져요.

→ 식사가 먼저 완료(동사₁)되어야 잠자는 동작(동사₂)이 가능

我们明天下了课就开始做作业吧。 우리 내일 수업 끝나고 바로 숙제를 시작하자.
Wǒmen míngtiān xiàle kè jiù kāishǐ zuò zuòyè ba.

这首歌听完了就让人想回家乡。
Zhè shǒu gē tīngwánle jiù ràng rén xiǎng huí jiāxiāng.
이 노래는 다 듣고 나면 바로 고향으로 돌아가고 싶게 해요.

'了'가 들어갈 자리를 표시하고, 한국어로 옮겨 보세요.

(1) 我①吃②饭③就做④作业。 → _____

(2) 我①买②衣服③就回④家。 → _____

(3) 咱们看①电影②就去③吃④饭吧。→ _____

단어 首 shǒu 양 시, 노래 등을 세는 단위 ㅣ 家乡 jiāxiāng 명 고향

3 가능보어(1): '동사 + 得 de / 不 bu + 결과보어'

동사와 결과보어 사이에 '得' 혹은 '不'를 삽입하면, 어떤 동작의 결과에 도달할 수 있는지(긍정), 없는지(부정)를 나타내는 '가능보어'가 됩니다. 가능보어는 부정문의 사용 빈도가 압도적으로 높으며, 긍정문의 모양을 갖추고 있다고 하더라도 실제로는 부정적인 뉘앙스를 표시하는 경우도 있습니다.(가능보어(2)는 154쪽 참조)

㉮ 긍정문: 你想买的都买得到。 당신이 사고 싶은 건 다 살 수 있어요.
　　　　Nǐ xiǎng mǎi de dōu mǎi de dào.

㉯ 부정문: 我看不清楚你写的字。 나는 당신이 쓴 글씨를 알아볼 수가 없어요.
　　　　Wǒ kàn bu qīngchu nǐ xiě de zì.

㉰ 정반의문문: 这些菜，你吃得完吃不完? 이 요리들, 당신은 다 먹을 수 있어요 없어요?
　　　　　　Zhèxiē cài, nǐ chī de wán chī bu wán?

다음 결과보어 구문을 가능보어의 긍정문, 부정문, 정반의문문으로 각각 바꾸어 보세요.

(1) 我听懂老师的话。

　　① 긍정문: _____

　　② 부정문: _____

　　③ 정반의문문: _____

(2) 我看懂这个汉字。

　　① 긍정문: _____

　　② 부정문: _____

　　③ 정반의문문: _____

단어 清楚 qīngchu 형 분명하다, 뚜렷하다 ㅣ 字 zì 명 글자 ㅣ 这些 zhèxiē 대 이것들

바꾸어 말하기

1 你不是 不爱运动 吗?

　　不喜欢喝咖啡 bù xǐhuan hē kāfēi
　　喜欢吃火锅 xǐhuan chī huǒguō
　　很饱 hěn bǎo

2 我们 见了面就出发 。

　　吃了晚饭就回家 chīle wǎnfàn jiù huí jiā
　　看完了这一集就做作业 kànwánle zhè yì jí jiù zuò zuòyè
　　下了课就去买衣服 xiàle kè jiù qù mǎi yīfu

3 我 跑不动了 。

　　走不动了 zǒu bu dòng le
　　写不完了 xiě bu wán le
　　吃不饱 chī bu bǎo

어휘의 달인

▶ 신체 관련 단어로 어휘 실력 업그레이드

① 身体 shēntǐ 신체, 몸

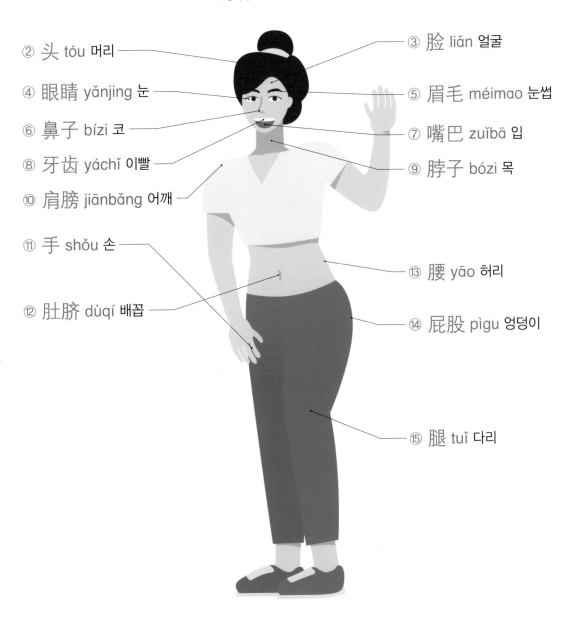

② 头 tóu 머리

③ 脸 liǎn 얼굴

④ 眼睛 yǎnjing 눈

⑤ 眉毛 méimao 눈썹

⑥ 鼻子 bízi 코

⑦ 嘴巴 zuǐbā 입

⑧ 牙齿 yáchǐ 이빨

⑨ 脖子 bózi 목

⑩ 肩膀 jiānbǎng 어깨

⑪ 手 shǒu 손

⑬ 腰 yāo 허리

⑫ 肚脐 dùqí 배꼽

⑭ 屁股 pìgu 엉덩이

⑮ 腿 tuǐ 다리

듣기의 달인

1 녹음을 듣고 제시된 문장이 내용과 일치하면 O, 틀리면 X를 표시하세요.

(1) 女的今天早上没锻炼身体。 ( )

(2) 今天女的脸色很好。 ( )

(3) 他们明天一起去跑步。 ( )

(4) 女的很喜欢游泳。 ( )

(5) 他们上完课就去买手机。 ( )

2 녹음을 듣고 제시된 보기 중 질문에 알맞은 답을 고르세요.

(1) A 觉得饮料不好喝　　　B 现在不想喝　　　C 喝饮料容易长胖

(2) A 跑步　　　B 休息　　　C 锻炼身体

(3) A 吃得太饱了　　　B 肚子疼　　　C 没吃饭

회화의 달인

Track 08-09

▶ 아래 내용을 바탕으로, 2인 1조가 되어 서로 '大卫 Dàwèi'와 '玛丽 Mǎlì'의 역할을 바꾸어 가며 주어진 대화를 완성해 보세요.

> 玛丽最近胖了两公斤。她决定从明天早上开始去跑步。大卫听玛丽要运动，他想跟玛丽一起去锻炼身体。他们俩说好明天早上六点半在校门口见面。
>
> *Mǎlì zuìjìn pàngle liǎng gōngjīn. Tā juédìng cóng míngtiān zǎoshang kāishǐ qù pǎobù. Dàwèi tīng Mǎlì yào yùndòng, tā xiǎng gēn Mǎlì yìqǐ qù duànliàn shēntǐ. Tāmen liǎ shuōhǎo míngtiān zǎoshang liù diǎn bàn zài xiào ménkǒu jiànmiàn.*

대화

大卫 你什么时候开始去跑步？

玛丽 ＿＿＿＿＿＿＿＿＿＿＿＿＿

大卫 我也得运动运动。咱们一起去锻炼吧。

玛丽 好。＿＿＿＿＿＿＿＿＿＿＿

大卫 六点半见面。

* 위의 대화를 완성한 후, 자신의 실제 상황에 맞게 친구와 대화해 보세요.

吓我一跳!

Xià wǒ yí tiào!

나 깜짝 놀랐어!

동량사와 대명사 목적어의 위치 관계, 어떤 사람(혹은 사물)의 관점에서 제기할 수 있는 주장을 표현하는 방법에 대하여 학습합니다.

- 동량사(2): 대명사 목적어
- '已经 yǐjīng……了 le' 구문
- '对 duì' + A(사람 / 사물) + '来说 lái shuō'

주요 표현

Track 09-00

32 吓我一跳！

Xià wǒ yí tiào!

저 깜짝 놀랐어요!

33 已经过期了。

Yǐyīng guòqī le.

이미 기한이 지났어요.

34 那怎么还放在桌子上呢？

Nà zěnme hái fàngzài zhuōzi shang ne?

그럼 왜 계속 테이블 위에 놓아두었어요?

35 对我来说小菜一碟。

Duì wǒ lái shuō xiǎocài yìdié.

저에게는 식은 죽 먹기예요.

朴敏英 Piáo Mǐnyīng	这盒牛奶我可以喝吗? Zhè hé niúnǎi wǒ kěyǐ hē ma?
陈一山 Chén Yīshān	不行，别①喝! Bù xíng, bié hē!
朴敏英 Piáo Mǐnyīng	哎呀! 吓我一跳! Āiyā!　Xià wǒ yí tiào!
陈一山 Chén Yīshān	已经过期了，坏了。 Yǐjīng guòqī le, huài le.
朴敏英 Piáo Mǐnyīng	那怎么还放在桌子上呢? Nà zěnme hái fàngzài zhuōzi shang ne?
陈一山 Chén Yīshān	我刚想扔掉，你就来了。 Wǒ gāng xiǎng rēngdiào, nǐ jiù lái le.

Check Check!!!

① '别'는 동사를 부정하여 '~하지 마라'라는 강력한 금지 명령을 나타냅니다. '不要' 역시 거의 비슷한 의미를 가지고 있습니다.

　　예 别笑! Bié xiào! (= 不要笑! Búyào xiào!) 웃지 마!

단어 ①

☐	盒	hé	양 갑[상자 등에 담긴 물건을 세는 단위]
☐	牛奶	niúnǎi	명 우유
☐	行	xíng	형 좋다, 괜찮다
☐	别	bié	부 ~하지 마라
☐	吓	xià	동 놀라다
☐	跳	tiào	동 튀어 오르다, 점프하다
☐	已经	yǐjīng	부 이미, 벌써
☐	过期	guò//qī	동 기일이 지나다
☐	坏	huài	형 상하다, 고장 나다
☐	放	fàng	동 두다, 놓다
☐	桌子	zhuōzi	명 책상, 테이블
☐	刚	gāng	부 방금, 마침
☐	扔掉	rēngdiào	동 내버리다

확인 문제

회화❶을 잘 읽고, 다음 문장의 옳고 그름을 판단하세요.

1 桌子上的牛奶坏了。　○ ✕

Zhuōzi shang de niúnǎi huài le.

2 朴敏英想喝牛奶。　○ ✕

Piáo Mǐnyīng xiǎng hē niúnǎi.

陈一山
Chén Yīshān
你怎么来了？
Nǐ zěnme lái le?

朴敏英
Piáo Mǐnyīng
我想和你商量一件事儿。
Wǒ xiǎng hé nǐ shāngliang yí jiàn shìr.

陈一山
Chén Yīshān
什么事儿？
Shénme shìr?

朴敏英
Piáo Mǐnyīng
放假我不回国，要留在北京。
Fàngjià wǒ bù huí guó, yào liúzài Běijīng.

陈一山
Chén Yīshān
留在北京做什么？
Liúzài Běijīng zuò shénme?

朴敏英
Piáo Mǐnyīng
我想周游北京。
Wǒ xiǎng zhōuyóu Běijīng.

你能帮我设计一下旅游路线吗？
Nǐ néng bāng wǒ shèjì yíxià lǚyóu lùxiàn ma?

陈一山
Chén Yīshān
你放心，对我来说小菜一碟。
Nǐ fàngxīn, duì wǒ lái shuō xiǎocài yì dié.

단어 2

Track 09-04

▢	商量	shāngliang	동 상의하다
▢	放假	fàng//jià	동 방학하다, 휴가로 쉬다
▢	留	liú	동 머무르다
▢	周游	zhōuyóu	동 두루두루 돌아다니다
▢	设计	shèjì	동 설계하다
▢	一下(儿)	yíxià(r)	수량 한번 ~좀 해 보다
▢	旅游路线	lǚyóu lùxiàn	여행 코스
▢	放心	fàng//xīn	동 안심하다
▢	对……来说	duì……lái shuō	~에게 있어서
▢	小菜一碟	xiǎocài yì dié	식은 죽 먹기

고유명사

▢	北京	Běijīng	베이징[중국 지명]

확인 문제

회화❷를 잘 읽고, 다음 문장의 옳고 그름을 판단하세요.

1 朴敏英放假要回国。 O X

Piáo Mǐnyīng fàngjià yào huí guó.

2 朴敏英放假想周游北京。 O X

Piáo Mǐnyīng fàngjià xiǎng zhōuyóu Běijīng.

어법

1 동량사(2): 대명사 목적어

동작의 횟수를 세는 동량사가 대명사와 함께 등장할 때의 어순은 다음과 같습니다.
(동량사(1)은 62쪽 참조)

주어	동사	대명사	수사	동량사	
我 Wǒ 나	见过 jiànguo 만난 적이 있다	她 tā 그녀	一 yí 한	次。 cì. 번	나는 그녀를 한 번 만난 적이 있어요.

我去过那儿两次。　나는 그곳에 두 번 간 적이 있어요.
Wǒ qùguo nàr liǎng cì.

她看了我一眼。　그녀는 나를 한 번 슬쩍 봤어요.
Tā kànle wǒ yì yǎn.

아래 단어들을 어순에 맞게 배열해서 문장을 완성해 보세요.

(1) 去 / 一趟 / 那儿 　→　 我要 _____。

(2) 问 / 一下 / 他 　→　 我想 _____。

단어 眼 yǎn 양 눈으로 보는 동작을 세는 동량사

2 '已经 yǐjīng……了 le' 구문

부사 '已经'은 '이미, 벌써'라는 뜻으로 동작이나 변화의 완료, 시간이나 수량의 일정 수준 도달 등을 표시하며, 대부분 문장의 끝에 조사 '了'를 동반합니다.

㉮ 已经 + 동사(구) + 了

雨已经停了。　비는 이미 그쳤어요.
Yǔ yǐjīng tíng le.

㉯ 已经 + 형용사(구) + 了

天已经完全黑了。　하늘이 이미 완전히 캄캄해졌어요.
Tiān yǐjīng wánquán hēi le.

㉰ 已经 + 시간 / 수량 + 了

她去中国已经两年了。　그녀가 중국에 간 지 벌써 2년이 되었어요.
Tā qù Zhōngguó yǐjīng liǎng nián le.

각 대화의 B를 '已经……了'가 들어간 중국어로 답해 보세요.

(1) A: 你妹妹多大了?

B: _____ (그녀는 벌써 20살이 되었어요.)

(2) A: 你哥哥结婚了吗?

B: _____ (그는 벌써 결혼했어요.)

단어 雨 yǔ 명 비 | 停 tíng 통 그치다, (차 등이) 서다 |
天 tiān 명 하늘 | 完全 wánquán 분 완전히 | 黑 hēi 형 어둡다

3 '对 duì' + A(사람 / 사물) + '来说 lái shuō'

'来说'의 뒤에는 주로 A의 입장이나 관점에서 볼 때, 언급할 수 있는 주장 혹은 내용이 이어집니다. 물론 'A'가 꼭 '사람'이어야 할 필요는 없습니다.

对学校来说，学生最重要。 학교에 있어서, 학생이 제일 중요해요.
Duì xuéxiào lái shuō, xuésheng zuì zhòngyào.

对公司来说，这些事儿不难。 회사에 있어서, 이 일들은 어렵지 않아요.
Duì gōngsī lái shuō, zhèxiē shìr bù nán.

다음 한국어에 맞도록 중국어의 괄호를 채워 보세요.

나에게 있어서, 중국어는 어렵지 않습니다.　→　(　　　)我(　　　)，汉语不难。

단어 重要 zhòngyào 형 중요하다

바꾸어 말하기

Track 09-05

1 别 喝 !

看电视 kàn diànshì

走 zǒu

说 shuō

2 已经 过期 了。

上课 shàngkè

下课 xiàkè

回家 huí jiā

3 你 留在北京 做什么?

留在家里 liúzài jiā li

留在教室里 liúzài jiàoshì li

留在学校 liúzài xuéxiào

어휘의 달인

▶ 집의 살림 관련 단어로 어휘 실력 업그레이드

椅子
yǐzi
의자

沙发
shāfā
소파

床
chuáng
침대

窗户
chuānghu
창문

窗帘
chuānglián
커튼

电灯
diàndēng
전등

空调
kōngtiáo
에어컨

电风扇
diànfēngshàn
선풍기

洗衣机
xǐyījī
세탁기

듣기의 달인

Track 09-07

1 녹음을 듣고 제시된 문장이 내용과 일치하면 O, 틀리면 X를 표시하세요.

(1) 男的想喝牛奶。 ( )

(2) 女的没做作业。 ( )

(3) 周末女的不想去长城。 ( )

(4) 牛奶过期了，不能喝了。 ( )

(5) 女的放假要回国。 ( )

Track 09-08

2 녹음을 듣고 제시된 보기 중 질문에 알맞은 답을 고르세요.

(1) A 买咖啡   B 买牛奶   C 买饮料

(2) A 回国了   B 周游北京了   C 留在家里休息了

(3) A 男的的朋友   B 男的的哥哥   C 女的的朋友

회화의 달인

▶ 아래 내용을 바탕으로, 2인 1조가 되어 서로 '大卫 Dàwèi'와 '玛丽 Mǎlì'의 역할을 바꾸어 가며 주어진 대화를 완성해 보세요.

> 这次放假，大卫不想回国。他想留在中国，周游北京。他有一个北京朋友，他想请那个北京朋友帮他设计一下旅游路线。
>
> *Zhè cì fàngjià, Dàwèi bù xiǎng huí guó. tā xiǎng liúzài Zhōngguó, zhōuyóu Běijīng. Tā yǒu yí ge Běijīng péngyou, tā xiǎng qǐng nà ge Běijīng péngyou bāng tā shèjì yíxià lǚyóu lùxiàn.*

대화

玛丽　你放假回国吗？

大卫　_____

玛丽　你留在中国做什么？

大卫　_____

玛丽　旅游路线设计好了吗？

大卫　_____

玛丽　太棒了。

* 위의 대화를 완성한 후, 자신의 실제 상황에 맞게 친구와 대화해 보세요.

我把作业忘在宿舍了。

Wǒ bǎ zuòyè wàngzài sùshè le.

숙제를 깜빡하고 기숙사에 뒀어요.

학습 목표

'去 / 来'와 다른 방향보어들을 구분해야 하는 이유, '把'자문의 특징, 숙어 성격의 가능보어에 대하여 학습하고, 바람직하지 않은 상황에서 '差点儿'이 긍정과 부정을 막론하고 결과적으로 같은 뜻을 표시한다는 점도 학습합니다.

어법 사항

- 단순방향보어
- '把 bǎ'자문
- 가능보어(2): '来 lái + 得 de / 不 bu + 及 jí'
- '差点儿 chàdiǎnr' + 긍정 / 부정

36

你不进教室去吗?

Nǐ bú jìn jiàoshì qù ma?

당신은 교실로 들어가지 않나요?

37

我把作业忘在宿舍了。

Wǒ bǎ zuòyè wàngzài sùshè le.

저는 숙제를 깜빡하고 기숙사에 두었어요.

38

快要上课了，来不及了。

Kuàiyào shàngkè le, láibují le.

곧 수업이 시작되어서, 시간에 맞출 수 없어요.

39

你差点儿迟到了。

Nǐ chàdiǎnr chídào le.

당신 하마터면 늦을 뻔했어요.

金志龙 Jīn Zhìlóng	糟糕！糟糕！ Zāogāo! Zāogāo!
朴敏英 Piáo Mǐnyīng	怎么了？你不进教室去吗？ Zěnme le?　Nǐ bú jìn jiàoshì qu ma?
金志龙 Jīn Zhìlóng	我把作业忘在宿舍了。 Wǒ bǎ zuòyè wàngzài sùshè le.
朴敏英 Piáo Mǐnyīng	现在快回宿舍去拿吧。 Xiànzài kuài huí sùshè qu ná ba.
金志龙 Jīn Zhìlóng	快要上课了，来不及了。 Kuàiyào shàngkè le, láibují le.
朴敏英 Piáo Mǐnyīng	离上课时间还有半个小时呢①。 Lí shàngkè shíjiān hái yǒu bàn ge xiǎoshí ne.

应该来得及。
Yīnggāi láidejí.

Check Check!!! ✏️

① '呢'는 평서문의 끝에 쓰여서 화자의 판단과 관련된 내용을 상대방에게 강조하거나 확인하는 느낌을 표시합니다.

예 他还会说汉语呢。 그는 중국어도 할 수 있어요.
　　Tā hái huì shuō Hànyǔ ne.

☐	糟糕	zāogāo	형 야단났다, 아뿔싸, 아차
☐	进	jìn	동 (안으로) 들다
☐	教室	jiàoshì	명 교실
☐	把	bǎ	개 ~을/를[목적어를 동사의 앞으로 끌고 오는 개사]
☐	忘	wàng	동 잊다, 깜빡하다
☐	快	kuài	부 빨리 형 빠르다
☐	拿	ná	동 가지다, (손으로) 들다
☐	来不及	láibují	동 손쓸 틈이 없다, 미치지 못하다
☐	来得及	láidejí	동 늦지 않다

확인 문제

회화①을 잘 읽고, 다음 문장의 옳고 그름을 판단하세요.

1 金志龙没做作业。 ○ ✕

　Jīn Zhìlóng méi zuò zuòyè.

2 现在已经上课了。 ○ ✕

　Xiànzài yǐjīng shàngkè le.

朴敏英
Piáo Mǐnyīng

你差点儿迟到了。

Nǐ chàdiǎnr chídào le.

金志龙
Jīn Zhìlóng

还好，没迟到，作业也及时交上了。

Hái hǎo, méi chídào, zuòyè yě jíshí jiāoshang le.

朴敏英
Piáo Mǐnyīng

最近你怎么总是丢三落四的?

Zuìjìn nǐ zěnme zǒngshì diū sān là sì de?

金志龙
Jīn Zhìlóng

这也不能怪我。

Zhè yě bù néng guài wǒ.

朴敏英
Piáo Mǐnyīng

为什么?

Wèishénme?

金志龙
Jīn Zhìlóng

因为世界杯开始了，所以①我连续熬了几天夜。

Yīnwèi shìjièbēi kāishǐ le, suǒyǐ wǒ liánxù áole jǐ tiān yè.

Check Check!!! ✏️

① '因为 + A + 所以 + B'에서 'A'에 원인, 'B'에 그로 인한 결과를 언급하여 'A 때문에, 그래서 B하다'는 뜻의 원인 결과 복문을 표시합니다.

　예 因为下雨，所以我不想穿新衣服。 비가 내리기 때문에, (그래서) 나는 새 옷을 입고 싶지 않아요.
　　Yīnwèi xià yǔ, suǒyǐ wǒ bù xiǎng chuān xīn yīfu.

단어 下 xià 통 (비, 눈 등이) 내리다 | 穿 chuān 통 입다

☐	差点儿	chàdiǎnr	倶 하마터면 (~할 뻔하다)
☐	及时	jíshí	倶 제때에, 적시에
☐	交	jiāo	통 제출하다
☐	总是	zǒngshì	倶 늘, 줄곧
☐	丢三落四	diū sān là sì	이것저것 잘 잊어버리다
☐	怪	guài	통 책망하다
☐	为什么	wèishénme	대 왜, 어째서
☐	因为	yīnwèi	접 ~때문에
☐	世界杯(足球赛)	shìjièbēi (zúqiúsài)	명 월드컵 (축구 경기)
☐	所以	suǒyǐ	접 그래서
☐	连续	liánxù	통 연속하다
☐	熬夜	áo//yè	통 밤을 새다

확인 문제

회화②를 잘 읽고, 다음 문장의 옳고 그름을 판단하세요.

1 金志龙上课没迟到。 ○ ✕

　Jīn Zhìlóng shàngkè méi chídào.

2 金志龙很喜欢熬夜。 ○ ✕

　Jīn Zhìlóng hěn xǐhuan áoyè.

어법

1 단순방향보어

방향을 표시하는 단음절 동사는 동사의 뒤에서 동사의 동작 방향을 나타내는 '단순방향보어'가 될 수 있습니다. 단순방향보어는 경성화하며, 어법의 특성상 '来, 去'와 '上, 下, 进, 出, 回, 过, 起, 开'의 두 그룹으로 분류합니다.

来 ↔ 去		上 ↔ 下		进 ↔ 出		回	过	起	开
lái	qù	shàng	xià	jìn	chū	huí	guò	qǐ	kāi
오다	가다	위로	아래로	들다	나다	되돌다	가로지르다	아래서 위로	멀어지다

㉮ '来 ↔ 去'의 어순: 동작이 화자 쪽으로 다가오면 '来', 멀어지면 '去'를 사용합니다.

1) 사물 목적어, 동작의 실현: 동사 + 来 / 去 + 了 + 목적어

她买来了两杯咖啡。 그녀는 커피 두 잔을 사왔어요.
Tā mǎilai le liǎng bēi kāfēi.

2) 사물 목적어, 동작의 미실현: 동사 + 목적어 + 来 / 去

明天我要带礼物去。 내일 제가 선물을 가지고 갈게요.
Míngtiān wǒ yào dài lǐwù qu.

3) 장소목적어: 동사 + 장소목적어 + 来 / 去

下课以后，她回家去了。 수업이 끝난 뒤, 그녀는 집으로 돌아갔어요.
Xiàkè yǐhòu, tā huí jiā qu le.

㉯ 나머지 단순방향보어의 어순: 동사 + 단순방향보어 + 목적어

我们一起爬上了雪岳山。 우리들은 함께 설악산을 올라갔어요.
Wǒmen yìqǐ páshang le Xuěyuè Shān.

他跑回了教室。 그는 교실로 뛰어서 돌아갔어요.
Tā pǎohui le jiàoshì.

---

(1) 다음 한국어에 해당하는 중국어를 골라 보세요.

당신은 상하이로 돌아가고 싶나요?

① 你想回上海去吗?　　② 你想回去上海吗?

(2) 다음 한국어를 참고하여 중국어의 괄호 안에 '来' 혹은 '去'로 채워 보세요.

그녀는 강아지를 한 마리 사왔습니다.

她买(　　)了一只小狗。

단어 带 dài 통 가지다 ㅣ 爬 pá 통 오르다 ㅣ 雪岳山 Xuěyuè Shān 고유 설악산

2 '把 bǎ'자문

'把'는 목적어를 동사의 앞으로 끌고 오는 역할을 합니다. 이때, 동사의 뒤에는 '了' 혹은 '장소', 각종 '보어' 등의 다른 부가 성분이 존재해야 하며, 조동사나 부정사는 '把'의 앞에 오게 됩니다.

㉮ 了: 昨天我把钥匙丢了。 어제 나는 열쇠를 잃어버렸어요.
Zuótiān wǒ bǎ yàoshi diū le.

㉯ 장소: 请你把书放在我的桌子上。 책을 내 책상 위에 놓아두세요.
Qǐng nǐ bǎ shū fàngzài wǒ de zhuōzi shang.

㉰ 결과보어: 我把手机摔坏了。 내가 핸드폰을 떨어트려서 부서졌어요.
Wǒ bǎ shǒujī shuāihuài le.

㉱ 양태보어: 我把衣服洗得很干净。 나는 옷을 깨끗하게 빨았어요.
Wǒ bǎ yīfu xǐ de hěn gānjìng.

㉲ 방향보어: 他把照相机带来了。 그가 사진기를 가져왔어요.
Tā bǎ zhàoxiàngjī dàilai le.

㉳ 부정문: 他没把照相机带来。 그가 사진기를 가져오지 않았어요.
Tā méi bǎ zhàoxiàngjī dàilai.

다음 동사술어문을 '把'자문으로 바꾸어 보세요.

(1) 我喝了那盒牛奶。　→ _____

(2) 他做完了今天的作业。→ _____

(3) 他没吃掉你的面包。　→ _____

단어　钥匙 yàoshi 명 열쇠 | 丢 diū 동 잃어버리다 | 摔 shuāi 동 떨어트리다, 넘어지다
| 照相机 zhàoxiàngjī 명 사진기 | 掉 diào 동 ~해 버리다

3 가능보어(2): '来 lái + 得 de / 不 bu + 及 jí'

'来得及'와 같이 일반적인 가능보어의 틀을 벗어난 가능보어를 '숙어성 가능보어'라고 합니다. '숙어성 가능보어'는 '来及'(동사 + 결과보어)의 형태가 아예 존재하지 않으면서 일종의 숙어처럼 특별한 의미를 표시하기 때문에 긍정과 부정 모두 자주 활용됩니다.
(가능보어(1)은 129쪽 참조)

㉮ 来得及: 시간적 여유가 있어서 동사의 동작을 할 수 있다.

現在起床，还来得及吃早饭。 지금 일어나면, 아직 아침 식사에는 늦지 않아요.
Xiànzài qǐchuáng, hái láidejí chī zǎofàn.

㉯ 来不及: 시간적 여유가 없어서 동사의 동작을 할 수 없다.

作业太多，来不及写完。 숙제가 너무 많아서 제때에 다 할 수 없어요.
Zuòyè tài duō, láibují xiěwán.

'来得及'와 '来不及' 중 알맞은 것으로 괄호 안을 채워 보세요.

(1) 咱们现在出发还(　　　　)。

(2) 快要迟到了，咱们(　　　　)回宿舍了。

단어 起床 qǐ//chuáng 통 일어나다, 기상하다

---

4 '差点儿 chàdiǎnr' + 긍정 / 부정

화자의 입장에서 바람직하지 않은 상황에 대하여 '다행스럽게도' 회피할 수 있었다는 느낌을 표현합니다. 이어지는 동사의 긍정이나 부정에 관계없이 같은 뜻을 나타냅니다.

㉮ 差点儿 + 바람직하지 않은 상황

我差点儿撞车。 나는 하마터면 차에 부딪칠 뻔했어요.(부딪치지 않음)
Wǒ chàdiǎnr zhuàngchē.

我差点儿摔倒。 나는 하마터면 넘어질 뻔했어요.(넘어지지 않음)
Wǒ chàdiǎnr shuāidǎo.

❹ 差点儿 + 没 + 바람직하지 않은 상황

我差点儿没撞车。 (다행스럽게도) 간신히 차에 부딪치지 않았어요.
Wǒ chàdiǎnr méi zhuàngchē.

我差点儿没摔倒。 (다행스럽게도) 간신히 넘어지지 않았어요.
Wǒ chàdiǎnr méi shuāidǎo.

다음 중국어의 뜻을 정확하게 표현한 한국어를 골라 보세요.

(1) 我差点儿感冒了。

　　① 나는 감기에 걸렸다.　　　② 나는 감기에 걸리지 않았다.

(2) 他差点儿没把牛奶扔掉了。

　　① 그는 우유를 내다버렸다.　　② 그는 우유를 내다버리지 않았다.

단어　撞车 zhuàng//chē 동 차에 부딪치다 ┃ 倒 dǎo 동 넘어지다

바꾸어 말하기

1 你不 进教室 去吗?

进商场 jìn shāngchǎng

回宿舍 huí sùshè

回家 huí jiā

2 我把 作业 忘在 宿舍 了。

钥匙 yàoshi   我的房间 wǒ de fángjiān

汉语书 Hànyǔ shū   教室 jiàoshì

饮料 yǐnliào   车上 chē shang

3 我差点儿 迟到 了。

忘 wàng

感冒 gǎnmào

做错 zuòcuò

어휘의 달인

▶ 악기 관련 단어로 어휘 실력 업그레이드

萨克斯
sàkèsī
색소폰

长笛
chángdí
플루트

吉他
jítā
기타

钢琴
gāngqín
피아노

木琴
mùqín
실로폰

口琴
kǒuqín
하모니카

铃鼓
línggǔ
탬버린

小提琴
xiǎotíqín
바이올린

大提琴
dàtíqín
첼로

듣기의 달인

Track 10-07

1 녹음을 듣고 제시된 문장이 내용과 일치하면 O, 틀리면 X를 표시하세요.

(1) 教室里没有人。 ( )

(2) 男的可能八点半出发去火车站。 ( )

(3) 男的没迟到。 ( )

(4) 女的把身份证忘在教室了。 ( )

(5) 女的昨天熬夜了。 ( )

Track 10-08

2 녹음을 듣고 제시된 보기 중 질문에 알맞은 답을 고르세요.

(1) A 九点三十分 B 九点四十分 C 九点五十分

(2) A 忘了爸爸的生日是几月几号

   B 要去买生日礼物

   C 不知道爸爸的生日是什么时候

(3) A 经常丢三落四 B 经常迟到 C 经常十二点就睡觉了

단어 关于 guānyú 깨 ~에 관해서 | 经常 jīngcháng 뷔 자주, 종종

▶ 아래 내용을 바탕으로, 2인 1조가 되어 서로 '大卫 Dàwèi'와 '玛丽 Mǎlì'의 역할을 바꾸어 가며 주어진 대화를 완성해 보세요.

进了教室大卫就说糟糕。他今天把作业忘在宿舍，没拿来。玛丽问他最近怎么总是丢三落四的。大卫说这不能怪他。因为世界杯开始了，所以他连续熬了几天夜。

Jìnle jiàoshì Dàwèi jiù shuō zāogāo. Tā jīntiān bǎ zuòyè wàngzài sùshè, méi nálai. Mǎlì wèn tā zuìjìn zěnme zǒngshì diū sān là sì de. Dàwèi shuō zhè bù néng guài tā. Yīnwèi shìjièbēi kāishǐ le, suǒyǐ tā liánxù áole jǐ tiān yè.

대화

大卫 糟糕! 糟糕!

玛丽 ＿＿＿＿＿＿＿＿＿＿＿＿＿＿

大卫 我把作业忘在宿舍了。

玛丽 ＿＿＿＿＿＿＿＿＿＿＿＿＿＿

大卫 这不能怪我。因为世界杯开始了，所以我连续熬了几天夜。

* 위의 대화를 완성한 후, 자신의 실제 상황에 맞게 친구와 대화해 보세요.

我比他矮五厘米。

Wǒ bǐ tā ǎi wǔ límǐ.

나는 그보다 5cm 작아요.

학습 목표

비교문은 어순과 비교의 결과가 중요하며, 특히 비교문의 부정 형식에 주의해야 함을 중점적으로 익힙니다. 아울러 주어가 피해나 손해를 입는 전형적인 피동문도 함께 학습합니다.

어법 사항

- 동등비교문(2): '有 yǒu' 비교문
- 차등비교문: '比 bǐ' 비교문
- 동등비교문(3): 'A + 跟 gēn + B + 一样 yíyàng + 서술어'
- '被 bèi' 피동문

40

你有他那么高吗？

Nǐ yǒu tā nàme gāo ma?

당신은 (키가) 그만큼 그렇게 큽니까?

41

我比他矮五厘米。

Wǒ bǐ tā ǎi wǔ límǐ.

저는 그보다 5cm 작아요.

42

他跟你一样也喜欢打网球吗？

Tā gēn nǐ yíyàng yě xǐhuan dǎ wǎngqiú ma?

그는 당신과 마찬가지로 테니스 치는 걸 좋아하나요?

43

我刚才被自行车撞倒了。

Wǒ gāngcái bèi zìxíngchē zhuàngdǎo le.

저는 방금 전에 자전거에 부딪쳐서 넘어졌어요.

刘子艺
Liú Zǐyì
你有金志龙那么高吗?
Nǐ yǒu Jīn Zhìlóng nàme gāo ma?

陈一山
Chén Yīshān
我没有他高。我比他矮五厘米。
Wǒ méiyǒu tā gāo. Wǒ bǐ tā ǎi wǔ límǐ.

刘子艺
Liú Zǐyì
你个子有多高?
Nǐ gèzi yǒu duō gāo?

陈一山
Chén Yīshān
我一米七五，他一米八。
Wǒ yì mǐ qī wǔ, tā yì mǐ bā.

刘子艺
Liú Zǐyì
金志龙跟你一样也喜欢打网球吗?
Jīn Zhìlóng gēn nǐ yíyàng yě xǐhuan dǎ wǎngqiú ma?

陈一山
Chén Yīshān
他很少①打网球。
Tā hěn shǎo dǎ wǎngqiú.

他喜欢踢足球。
Tā xǐhuan tī zúqiú.

Check Check!!! ✏️

① '很少 + 동사'를 직역하면 동사의 동작을 '아주 적게 하다'가 되지만, 실제로는 동작을 '거의 하지 않다'라는 부정적
인 뉘앙스로 쓰입니다.

예 我很少在外边儿吃饭。 나는 바깥에서 식사를 거의 하지 않아요.
   Wǒ hěn shǎo zài wàibianr chī fàn.

단어 ①

Track 11-02

☐	有	yǒu	동 ~만큼 되다
☐	那么	nàme	대 그렇게, 저렇게
☐	高	gāo	형 높다, (키가) 크다
☐	比	bǐ	개 ~보다
☐	矮	ǎi	형 (키가) 작다
☐	厘米	límǐ	양 센티미터(cm)
☐	个子	gèzi	명 키
☐	米	mǐ	양 미터(m)
☐	打	dǎ	동 (손을 사용하는 구기 종목을) 치다, 하다
☐	网球	wǎngqiú	명 테니스
☐	少	shǎo	형 적다
☐	踢	tī	동 (발로) 차다
☐	足球	zúqiú	명 축구

확인 문제

회화①을 잘 읽고, 다음 문장의 옳고 그름을 판단하세요.

1 陈一山比金志龙高。 ○ ×

　Chén Yīshān bǐ Jīn Zhìlóng gāo.

2 金志龙跟陈一山一样也喜欢打网球。 ○ ×

　Jīn Zhìlóng gēn Chén Yīshān yíyàng yě xǐhuan dǎ wǎngqiú.

LESSON 11 나는 그보다 5cm 작아요. 163

妈妈 māma	你的腿怎么了？ Nǐ de tuǐ zěnme le?
陈一山 Chén Yīshān	我刚才被自行车撞倒了。 Wǒ gāngcái bèi zìxíngchē zhuàngdǎo le.
妈妈 māma	疼不疼？ 怎么被撞倒的？ Téng bu téng? Zěnme bèi zhuàngdǎo de?
陈一山 Chén Yīshān	玩儿手机，没注意到自行车。 Wánr shǒujī, méi zhùyì dào zìxíngchē.
妈妈 māma	我平时跟你说过，走路不要玩儿手机。 Wǒ píngshí gēn nǐ shuōguo, zǒulù búyào wánr shǒujī.
陈一山 Chén Yīshān	以后再也①不玩儿了。 Yǐhòu zài yě bù wánr le.

Check Check!!! 🖊

① '再也'는 뒤에 부정문을 동반하여 '두 번 다시 ～하지 않는다'는 강조의 느낌을 표현합니다.

> 예 我再也不喝酒了。 나는 두 번 다시 술을 마시지 않을 겁니다.
> Wǒ zà yě bù hē jiǔ le.

단어 酒 jiǔ 명 술

단어 2

Track 11-04

☐	腿	tuǐ	명 다리
☐	刚才	gāngcái	명 방금
☐	被	bèi	개 (~에게) ~당하다
☐	自行车	zìxíngchē	명 자전거
☐	撞	zhuàng	동 부딪치다
☐	倒	dǎo	동 넘어지다
☐	玩儿	wánr	동 놀다
☐	注意	zhù//yì	동 주의하다, 조심하다
☐	到	dào	동 ~에 미치다[동사의 보어로 쓰임]
☐	平时	píngshí	명 평소
☐	走路	zǒu//lù	동 길을 걷다
☐	不要	búyào	부 ~하지 마라
☐	再也	zài yě	이제 더는, 두 번 다시

확인 문제

회화 ❷를 잘 읽고, 다음 문장의 옳고 그름을 판단하세요.

1 陈一山被自行车撞倒了。 ○ ×

   Chén Yīshān bèi zìxíngchē zhuàngdǎo le.

2 妈妈平时不让陈一山走路玩儿手机。 ○ ×

   Māma píngshí bú ràng Chén Yīshān zǒulù wánr shǒujī.

어법

1 동등비교문(2): '有 yǒu' 비교문

A가 B 정도의 수준에 도달하였음을 나타내며, 비교의 중점은 'B'에 있습니다. 서술어의 앞에는 '这么 zhème/ 那么 nàme'를 동반하는 경우가 많고, 부정문은 '没有'를 사용합니다.

(동등비교문(1)은 1권 132쪽 참조)

	A	有	B	(这么 / 那么)	서술어	
긍정문	我 Wǒ 나	有 yǒu ~만큼	我哥哥 wǒ gēge 우리 형(오빠)	(那么) (nàme) 그렇게	高。 gāo. (키가) 크다	나는 (키가) 형(오빠)만큼 (그렇게) 커요.

	A	没	有	B	(这么 / 那么)	서술어	
부정문	我 Wǒ 나	没 méi ~지 않다	有 yǒu ~만큼	我哥哥 wǒ gēge 우리 형(오빠)	(那么) (nàme) (그렇게)	高。 gāo. (키가) 크다	나는 (키가) 형(오빠)만큼 (그렇게) 크지 않아요.

你们班有我们班(这么)安静吗？ 너희 반은 우리 반만큼 (이렇게) 조용하니?
Nǐmen bān yǒu wǒmen bān (zhème) ānjìng ma?

首尔没有北京(那么)冷。 서울은 베이징만큼 (그렇게) 춥지는 않아요.
Shǒu'ěr méiyǒu Běijīng (nàme) lěng.

아래의 단어들을 어순에 맞게 배열하여 중국어를 완성해 보세요.

(1) 没有 / 高 / 那么 / 哥哥 → 弟弟 _____。

(2) 年轻 / 王老师 / 有 / 吗 → 陈老师 _____？

단어 安静 ānjìng 형 조용하다

2 차등비교문: '比 bǐ' 비교문

'比'는 비교 대상 A와 B 사이의 차이나 우열을 나타내는 차등비교문을 만듭니다. 두 개의 비교 대상에 동일한 단어가 반복된다면, 오해를 초래하지 않는다는 전제하에 B에서는 생략할수도 있습니다. 또한 둘 사이의 구체적인 차이는 서술어의 뒤에 표시하며, 부정문은 서술어가 아니라 '比'를 부정(不比)해야 합니다.

기본 어순	A 我 Wǒ 나	比 比 bǐ ~보다	B 他 tā 그	서술어 高。 gāo. (키가) 크다			나는 그보다 (키가) 커요.
还 hái / 更 gèng	A 我 Wǒ 나	比 比 bǐ ~보다	B 他 tā 그	还 / 更 更 gèng 더	서술어 高。 gāo. (키가) 크다		나는 그보다 (키가) 더 커요.
차이 표시	A 我 Wǒ 나	比 比 bǐ ~보다	B 他 tā 그	서술어 高 gāo (키가) 크다	차이 표시 七厘米。 qī límǐ. 7cm		나는 그보다 (키가) 7cm 더 커요.
부정문	A 我 Wǒ 나	不 不 bù ~지 않다	比 比 bǐ ~보다	B 他 tā 그	서술어 高。 gāo. (키가) 크다		나는 그보다 (키가) 크지 않아요.

我的手机比他的(手机)还贵。　내 핸드폰은 그의 것(핸드폰)보다 더 비싸요.
Wǒ de shǒujī bǐ tā de (shǒujī) hái guì.

今天的天气比昨天(的天气)冷五度。　오늘 날씨는 어제(날씨)보다 5도 더 추워요.
Jīntiān de tiānqì bǐ zuótiān (de tiānqì) lěng wǔ dù.

※ 차등비교 '比'와 동등비교 '有'

'比' 비교문의 부정은 어법적으로 '不比'이지만, 실제 회화에서는 '有' 비교문의 부정문을 활용합니다.

A + 比 + B + 서술어	(현실적 부정 관계) ⟷	A + 没有 + B + 서술어

↕ (어법적 부정 관계)　　　　　　　　　　　　　　↕ (어법적 부정 관계)

A + 不比 + B + 서술어		A + 有 + B + 서술어

단어　度 dù 양 도[온도, 각도 등의 단위]

보기 를 참고하여 주어진 중국어를 차등비교문으로 만들어 보세요.

보기 我姐姐二十二岁，我二十岁。→ 我姐姐比我大<u>两岁</u>。

(1) 我家有两只小狗，他家有一只小狗。→ 我家比他家多 _____。

(2) 我的咖啡二十块，他的咖啡十五块。→ 我的咖啡比他的咖啡贵 _____。

(3) 哥哥八十公斤，弟弟七十公斤。→ 哥哥比弟弟重(zhòng) _____。

3 동등비교문(3): 'A + 跟 gēn + B + 一样 yíyàng + 서술어'

비교 대상 A와 B가 어떻게 동등한지를 표시합니다. 가장 일반적인 부정문은 서술어를 부정하여 만듭니다.(동등비교문(1)은 1권 132쪽 참조)

	A	跟	B	一样	서술어	
긍정문	苹果 Píngguǒ 사과	跟 gēn ~와/과	西瓜 xīguā 수박	一样 yíyàng 같다	好吃。 hǎochī. 맛있다	사과는 수박과 마찬가지로 맛있어요.

	A	跟	B	一样	부정사	서술어	
부정문	苹果 Píngguǒ 사과	跟 gēn ~와/과	西瓜 xīguā 수박	一样 yíyàng 같다	不 bù ~지 않다	好吃。 hǎochī. 맛있다	사과는 수박과 마찬가지로 맛이 없어요.

看书跟看电影一样有意思。 책 읽기는 영화 보기와 마찬가지로 재미있어요.
Kàn shū gēn kàn diànyǐng yíyàng yǒu yìsi.

我跟我姐姐一样不吃鱼。 나는 우리 누나(언니)와 마찬가지로 생선을 안 먹어요.
Wǒ gēn wǒ jiějie yíyàng bù chī yú.

보기 를 참고하여 주어진 중국어를 동등비교문으로 만들어 보세요.

보기 他的生日是一月一号。我的生日也是一月一号。

→ 他的生日跟我的生日一样是一月一号。

(1) 他喜欢喝咖啡。我也喜欢喝咖啡。 → _____

(2) 他家很远。我家也很远。 → _____

단어 苹果 píngguǒ 명 사과 | 鱼 yú 명 생선, 물고기

4 '被 bèi' 피동문

'被'의 뒤에 행위의 주체가 오며, 주어에는 종종 피해자 혹은 동작의 대상물이 옵니다. 따라서 일반적인 피동문은 불쾌한 느낌이나 피해를 표현하게 됩니다. 만약 행위자가 불분명하거나 밝히고 싶지 않다면 생략할 수도 있습니다.

주어 (= 피해자)	被	(행위자)	동사	기타 성분 (결과보어 등)	
我的钱包 Wǒ de qiánbāo 내 지갑	被 bèi ~당하다	(人) (rén)	偷 tōu 도둑질하다	走了。 zǒu le. 갔다	내 지갑을 도둑맞았어요.

我的成绩单被妈妈发现了。 내 성적표는 엄마에게 발견되고 말았어요.
Wǒ de chéngjìdān bèi māma fāxiàn le.

我被老师误会了。 나는 선생님에게 오해를 받았어요.
Wǒ bèi lǎoshī wùhuì le.

다음 중국어를 보기 와 같이 '被'를 활용한 피동문으로 바꾸어 보세요.

보기 妈妈把牛奶扔掉了。 → 牛奶被妈妈扔掉了。

(1) 弟弟把牛奶喝了。 → _____

(2) 老师把我的作业拿走了。 → _____

(3) 妹妹把我的衣服穿走了。 → _____

단어 发现 fāxiàn 동 발견하다 | 误会 wùhuì 동 오해하다

1 我没有他 高 。

大 dà
年轻 niánqīng
忙 máng

2 我比他 矮五厘米 。

大两岁 dà liǎng suì
高三厘米 gāo sān límǐ
忙很多 máng hěn duō

3 我 被 自行车撞倒了 。

那个菜 nà ge cài   弟弟吃了 dìdi chī le
那瓶饮料 nà píng yǐnliào   妹妹喝了 mèimei hē le
他的作业 tā de zuòyè   老师拿走了 lǎoshī názǒu le

어휘의 달인

▶ 형용사 반의어로 어휘 실력 업그레이드

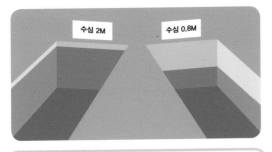

深	↔	浅
shēn		qiǎn
깊다		얕다

长	↔	短
cháng		duǎn
길다		짧다

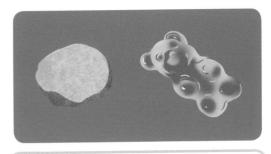

粗	↔	细
cū		xì
굵다		가늘다

硬	↔	软
yìng		ruǎn
딱딱하다		말랑하다

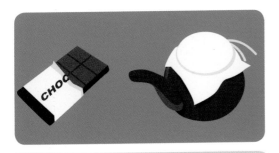

甜	↔	苦
tián		kǔ
달다		쓰다

干	↔	湿
gān		shī
건조하다		축축하다

듣기의 달인

1 녹음을 듣고 제시된 문장이 내용과 일치하면 O, 틀리면 X를 표시하세요.

Track 11-07

(1) 女的的姐姐二十三岁了。 ( )

(2) 女的比她妈妈高。 ( )

(3) 女的很喜欢喝咖啡。 ( )

(4) 明天他们去小王家玩儿。 ( )

(5) 女的平时坐地铁去学校。 ( )

2 녹음을 듣고 제시된 보기 중 질문에 알맞은 답을 고르세요.

Track 11-08

(1) A 被撞倒了　　　　B 走路　　　　　C 打网球

(2) A 一米八　　　　　B 一米七五　　　　C 一米七

(3) A 不爱看了　　　　B 学习很忙　　　　C 工作很忙

▶ 아래 내용을 바탕으로, 2인 1조가 되어 서로 '大卫 Dàwèi'와 '玛丽 Mǎlì'의 역할을 바꾸어 가며 주어진 대화를 완성해 보세요.

陈一山没有大卫高，大卫比陈一山高五厘米，陈一山一米七五，大卫一米八。大卫喜欢踢足球。陈一山跟大卫不一样，他很少踢足球，喜欢打网球。

Chén Yīshān méiyǒu Dàwèi gāo, Dàwèi bǐ Chén Yīshān gāo wǔ límǐ, Chén Yīshān yì mǐ qī wǔ, Dàwèi yì mǐ bā. Dàwèi xǐhuan tī zúqiú, Chén Yīshān gēn Dàwèi bù yíyàng, tā hěn shǎo tī zúqiú, xǐhuan dǎ wǎngqiú.

대화

玛丽 陈一山有你高吗？

大卫 _____

玛丽 你个子有多高？

大卫 _____

玛丽 陈一山跟你一样也喜欢踢足球吗？

大卫 _____

* 위의 대화를 완성한 후, 자신의 실제 상황에 맞게 친구와 대화해 보세요.

宿舍门口站着一个人。

Sùshè ménkǒu zhànzhe yí ge rén.

기숙사 입구에 누가 서 있어요.

학습 목표

조사 '着'와 존재문의 결합, 단음절 형용사의 중첩, 주어의 적극성을 표시하는 동사 '来' 등
에 대하여 학습합니다. 주요 어휘로는 '好'의 강조 용법과 상대방을 축원해 주는 방법을 익
힙니다.

어법 사항

- 조사 '着 zhe'와 존재문
- 단음절 형용사의 중첩
- '来 lái' + 동사

44 宿舍门口站着一个人。

Sùshè ménkǒu zhànzhe yí ge rén.

기숙사 입구에 누가 서 있어요.

45 个子高高的。

Gèzi gāogāo de.

키가 정말 커요.

46 祝你生日快乐!

Zhù nǐ shēngrì kuàilè!

생일 축하합니다!

47 咱们来干个杯吧!

Zánmen lái gān ge bēi ba!

우리 건배합시다.

朴敏英
Piáo Mǐnyīng
宿舍门口站着一个人，你看见了吗?
Sùshè ménkǒu zhànzhe yí ge rén, nǐ kànjiàn le ma?

金志龙
Jīn Zhìlóng
看见了。 个子高高的，手里拿着一束花。
Kànjiàn le.　　Gèzi gāogāo de, shǒu li názhe yí shù huā.

朴敏英
Piáo Mǐnyīng
他就是刘子艺的男朋友。
Tā jiù shì Liú Zǐyì de nán péngyou.

金志龙
Jīn Zhìlóng
今天刚好是刘子艺的生日!
Jīntiān gānghǎo shì Liú Zǐyì de shēngrì!

朴敏英
Piáo Mǐnyīng
我猜，他是为了给刘子艺过生日来的。
Wǒ cāi, tā shì wèile gěi Liú Zǐyì guò shēngrì lái de.

羡慕死了。
Xiànmù sǐle.

金志龙
Jīn Zhìlóng
刘子艺去哪儿了?
Liú Zǐyì qù nǎr le?

朴敏英
Piáo Mǐnyīng
她去图书馆了，还没回来。
Tā qù túshūguǎn le, hái méi huílai.

☐	站	zhàn	통 서다
☐	着	zhe	조 상태의 지속을 나타내는 조사
☐	手	shǒu	명 손
☐	束	shù	양 다발[꽃을 세는 단위]
☐	花	huā	명 꽃
☐	刚好	gānghǎo	부 때마침
☐	猜	cāi	통 추측하다, 유추하여 생각하다
☐	为了	wèile	개 ~을/를 위하여
☐	过	guò	통 쇠다, 지내다
☐	羡慕	xiànmù	통 부러워하다
☐	死	sǐ	통 죽다
☐	图书馆	túshūguǎn	명 도서관

확인 문제

회화❶을 잘 읽고, 다음 문장의 옳고 그름을 판단하세요.

1 今天是刘子艺的生日。 ○ ✕

　Jīntiān shì Liú Zǐyì de shēngrì.

2 刘子艺去图书馆还没回来。 ○ ✕

　Liú Zǐyì qù túshūguǎn hái méi huílai.

Track 12-03

朴敏英
Piáo Mǐnyīng
刘子艺，祝你生日快乐！
Liú Zǐyì, zhù nǐ shēngrì kuàilè!

金志龙
Jīn Zhìlóng
这是送给你的礼物。
Zhè shì sònggěi nǐ de lǐwù.

刘子艺
Liú Zǐyì
多谢你们。来，吃块蛋糕吧。
Duō xiè nǐmen.　Lái, chī kuài dàngāo ba.

朴敏英
Piáo Mǐnyīng
这个蛋糕好①好吃！
Zhège dàngāo hǎo hǎochī!

金志龙
Jīn Zhìlóng
减肥又泡汤了。
Jiǎnféi yòu pàotāng le.

刘子艺
Liú Zǐyì
咱们来干个杯吧！
Zánmen lái gān ge bēi ba!

敏英、志龙
Mǐnyīng、Zhìlóng
好。干杯！
Hǎo.　Gānbēi!

Check Check!!!

① 부사 '好'는 형용사의 앞에서 그 정도를 강조합니다. 주관적인 감정을 표현하며, '놀라움, 감탄' 등의 느낌이 덧붙여
집니다.

　　예 她头发好长啊! 그녀는 머리카락이 정말 길어!
　　　 Tā tóufa hǎo cháng a!

단어 头发 tóufa 몡 머리카락

단어 ②

- ☐ 祝   zhù   통 기원하다, 축원하다

  *祝贺 zhùhè 통 축하하다

- ☐ 快乐   kuàilè   형 즐겁다

- ☐ 送   sòng   통 선물하다

- ☐ 来   lái   통 동사 앞에서 어떤 일을 하려고 하는 적극성을 나타냄

- ☐ 块   kuài   양 조각[덩어리나 조각 형태의 물건을 세는 단위]

- ☐ 蛋糕   dàngāo   명 케이크

- ☐ 好   hǎo   부 아주, 정말로

- ☐ 又   yòu   부 또, 다시

- ☐ 泡汤   pào//tāng   통 물거품이 되다

- ☐ 干杯   gān//bēi   통 건배하다

확인 문제

회화②를 잘 읽고, 다음 문장의 옳고 그름을 판단하세요.

1 金志龙送了刘子艺一个生日礼物。 ○ ✕

   Jīn Zhìlóng sòngle Liú Zǐyì yí ge shēngrì lǐwù.

2 刘子艺的生日蛋糕很好吃。 ○ ✕

   Liú Zǐyì de shēngrì dàngāo hěn hǎochī.

어법

1 조사 '着 zhe'와 존재문

존재동사는 '어떤 장소에 사물 혹은 사람이 계속 원래 상태를 유지하고 있음'을 표시합니다. 따라서 상태의 지속을 표시하는 조사 '着'와 의미적으로 잘 맞기 때문에 종종 함께 쓰입니다.

주어 (장소)	존재동사	着	존재물 / 사람	
椅子上 Yǐzi shang 의자 위	坐 zuò 앉다	着 zhe ~한 채로 있다	一个孩子。 yí ge háizi. 한 명의 어린이	의자에 어린이가 한 명 앉아 있어요. (앉아 있는 상태 지속)

床上躺着一个病人。 침대에는 환자가 한 명 누워 있어요.
Chuáng shang tǎngzhe yí ge bìngrén.

操场上站着很多学生。 운동장에는 많은 학생들이 서 있어요.
Cāochǎng shang zhànzhe hěn duō xuésheng.

> 아래의 단어들을 존재문의 어순에 맞게 배열해 보세요.
>
> (1) 桌子上 / 一盒 / 牛奶 / 摆着　→ _____
>
> (2) 一个人 / 教室里 / 坐着　→ _____
>
> (3) 饭馆儿前边 / 几个人 / 站着　→ _____

단어 躺 tǎng 통 눕다 Ⅰ 病人 bìngrén 명 환자 Ⅰ 操场 cāochǎng 명 운동장 Ⅰ 摆 bǎi 통 놓다

2 단음절 형용사의 중첩

단음절 형용사 'A'가 'AA' 형식으로 중첩되면, 원래의 의미가 긍정적으로 '강조'되면서 상황을 '생생하게 묘사'하는 느낌이 첨가됩니다. 어법적으로 중첩 형용사는 부사의 수식을 받지 않으며, 만약 서술어로 쓰인다면, 조사 '的'의 도움이 필요합니다. 구어체에서는 두 번째 음절에 '儿'을 붙여서 제1성으로 읽는 경향이 있습니다.

㉮ **동사 수식:** 王老师慢慢儿走进了教室。 왕 선생님은 천천히 교실로 걸어 들어갔어요.
　　　　　Wáng lǎoshī mànmānr zǒujinle jiàoshì.

㉯ **명사 수식:** 你们的面前有条长长的路。 여러분 앞에는 기다란 길(앞날)이 있어요.
　　　　　Nǐmen de miànqián yǒu tiáo chángcháng de lù.

㉰ **서술어:** 爸爸的头发黑黑的。 아빠의 머리카락은 무척 새까매요.
　　　　　Bàba de tóufa hēihēi de.

보기 와 같이 형용사를 중첩하여 문장을 바꾸어 보세요.

보기 他身体很胖。→ 他身体胖胖的。

(1) 他肚子很大。 → _____。

(2) 他个子很矮。 → _____。

단어 面前 miànqián 몡 (눈)앞 | 条 tiáo 양 가늘고 긴 것을 세는 단위

3 '来 lái' + 동사

'来'가 동사의 앞에 쓰이면 동작을 수행하는 주어의 적극적인 자세나 마음가짐을 표시합니다.

你来唱，我来跳! 너는 노래해, 나는 춤을 출테니!
Nǐ lái chàng, wǒ lái tiào!

我来尝尝。 내가 맛볼게요.
Wǒ lái chángchang.

다음 중 '来'가 동작의 적극적인 자세를 나타내고 있는 문장을 모두 골라 보세요.

① 这个汉字，谁来读?　　② 他来学校上课。

③ 你来听听吧。　　④ 你们什么时候来我家?

바꾸어 말하기

1 宿舍门口 站 着 一个人 。

坐 zuò   一个人 yí ge rén

贴 tiē   一张地图 yì zhāng dìtú

停 tíng   一辆汽车 yí liàng qìchē

2 他 个子高高的 。

个子矮矮的 gèzi ǎi'ǎi de

年纪轻轻的 niánjì qīngqīng de

头发长长的 tóufa chángcháng de

3 祝 你 生日 快乐。

妈妈 māma   生日 shēngrì

老师 lǎoshī   新年 xīnnián

大家 dàjiā   周末 zhōumò

보충 단어

贴 tiē 통 붙이다 | 张 zhāng 양 장[종이, 책상 등을 세는 단위] | 地图 dìtú 명 지도 | 汽车 qìchē 명 자동차 |
新年 xīnnián 명 새해 | 大家 dàjiā 대 여러분

어휘의 달인

▶ 명절&기념일로 어휘 실력 업그레이드

除夕
Chúxī
섣달그믐

春节
Chūn Jié
(음력)설

元宵节
Yuánxiāo Jié
정월 대보름

清明节
Qīngmíng Jié
청명절

端午节
Duānwǔ Jié
단오

中秋节
Zhōngqiū Jié
추석

儿童节
Értóng Jié
어린이날

母亲节
Mǔqīn Jié
어머니날

圣诞节
Shèngdàn Jié
크리스마스

듣기의 달인

Track 12-07

1 녹음을 듣고 제시된 문장이 내용과 일치하면 O, 틀리면 X를 표시하세요.

(1) 今天是爷爷的生日。 （　　　）

(2) 女的的男朋友送了女的一束花。 （　　　）

(3) 女的觉得吃蛋糕容易长胖。 （　　　）

(4) 女的去图书馆了。 （　　　）

(5) 男的喜欢小狗。 （　　　）

Track 12-08

2 녹음을 듣고 제시된 보기 중 질문에 알맞은 답을 고르세요.

(1) A 蛋糕和牛奶　　　　B 蛋糕和生日礼物　　　　C 蛋糕和饮料

(2) A 天气冷　　　　B 厚衣服很漂亮　　　　C 羡慕有厚衣服的人

(3) A 妈妈　　　　B 爸爸　　　　C 自己买的

▶ 아래 내용을 바탕으로, 2인 1조가 되어 서로 '大卫 Dàwèi'와 '玛丽 Mǎlì'의 역할을 바꾸어 가며 주어진 대화를 완성해 보세요.

宿舍门口站着一个人，手里还拿着一束花。这个人就是玛丽的男朋友。因为今天是玛丽的生日，所以她的男朋友为了给她过生日，买了一束花到玛丽的宿舍来了。可是玛丽去图书馆还没回来。

Sùshè ménkǒu zhànzhe yí ge rén, shǒu li hái názhe yí shù huā. Zhège rén jiù shì Mǎlì de nán péngyou. Yīnwèi jīntiān shì Mǎlì de shēngrì, suǒyǐ tā de nán péngyou wèile gěi tā guò shēngrì, mǎile yí shù huā dào Mǎlì de sùshè lái le. Kěshì Mǎlì qù túshūguǎn hái méi huílai.

대화

大卫 刚才宿舍门口站着一个人，手里还拿着一束花。
你知道那个人是谁吗?

玛丽 ＿＿＿＿＿＿＿＿＿＿＿＿＿＿＿＿＿＿＿＿＿＿

大卫 他怎么来了?

玛丽 ＿＿＿＿＿＿＿＿＿＿＿＿＿＿＿＿＿＿＿＿＿＿

大卫 是吗? 祝你生日快乐! 你想要什么礼物?

玛丽 不用了!

* 위의 대화를 완성한 후, 자신의 실제 상황에 맞게 친구와 대화해 보세요.

한자 문화 칼럼

오해하기 쉬운 중국어(4): '编辑 biānjí'가 편집자라고?

특정한 직종에 종사하는 사람을 나타내는 단어에는 '변호사', '교사', '기술자', '과학자', '전문가', '운전수', '목수', '운동선수' 등과 같이 단어의 끝에 '사람'을 뜻하는 접미사가 붙습니다. 중국어도 마찬가지입니다. '科学家 kēxuéjiā 과학자', '律师 lǜshī 변호사', '木匠 mùjiàng 목수' 등을 보면 알 수 있듯이, 마지막에 있는 한자는 모두 '사람'과 관련이 있습니다.

그런데 여러분 친구와 개인적으로 이야기하던 와중에 '경찰관'을 그냥 '경찰'이라고 부른 적이 간혹 있지 않나요? 중국어에도 단어 속에 사람을 뜻하는 접미사를 특별히 붙이지 않고, 오직 구체적인 일을 표현하는 동사나 명사만으로 해당 직종의 종사자를 표시하는 단어들이 있습니다. 그것도 한국어보다 많이 말이죠. 이런 단어들은 우리말로 옮길 때 무심코 동사로 번역하기 쉽기 때문에 특히 신중해야 합니다.

중국어	뜻	해당 직종 종사자
翻译 fānyì	번역(하다), 통역(하다)	번역가, 통역가
编辑 biānjí	편집(하다)	편집자
导游 dǎoyóu	여행 안내를 하다	여행 가이드
导演 dǎoyǎn	(영화, 드라마 등을) 감독하다	(영화, 드라마 등의) 감독
警察 jǐngchá	경찰	경찰관
公安 gōng'ān	공공의 안전, 사회의 안녕	공안원

후반부

주요 어법 복습

① 복합방위사

'단순방위사 + 边 / 面'은 '~쪽'이라는 뜻 표시

前边(儿) qiánbian(r) 앞쪽	↔	后边(儿) hòubian(r) 뒤쪽
左边(儿) zuǒbian(r) 왼쪽	↔	右边(儿) yòubian(r) 오른쪽
上边(儿) shàngbian(r) 위쪽	↔	下边(儿) xiàbian(r) 아래쪽
里边(儿) lǐbian(r) 안쪽	↔	外边(儿) wàibian(r) 바깥쪽
东边(儿) dōngbian(r) 동쪽	↔	西边(儿) xībian(r) 서쪽
南边(儿) nánbian(r) 남쪽	↔	北边(儿) běibian(r) 북쪽
	旁边(儿) pángbiān(r) 옆쪽	

窗户前边儿有一棵树。 창 앞쪽에는 나무 한 그루가 있어요.
Chuānghu qiánbianr yǒu yì kē shù.

② 양태보어(2)

㉠ 목적어가 있을 때: 주어 + (동사) + 목적어 + 동사 + 得 + 양태보어

他(写)作业写得太慢。 그는 숙제하는 게 너무 느려요.
Tā (xiě) zuòyè xiě de tài màn.

他(写)作业写得不慢。 그는 숙제하는 게 느리지 않아요.
Tā (xiě) zuòyè xiě de bú màn.

㉡ 목적어가 없을 때: 주어 + 동사 + 得 + 양태보어

我来得有点儿晚了。 나는 좀 늦게 왔어요.(오는 게 좀 늦었습니다.)
Wǒ lái de yǒudiǎnr wǎn le.

③ 접두사 '好 hǎo' + 동사

주로 한 글자의 감각동사나 동작동사와 결합하여 '~하기 좋다'는 뜻의 형용사를 만듦

① 好 + 吃 = 好吃 hǎochī 혱 (음식이) 맛있다

② 好 + 喝 = 好喝 hǎohē 혱 (음료가) 맛있다

③ 好 + 走 = 好走 hǎozǒu 혱 (길 등이) 걷기 편하다, 걷기 좋다

4 점층복문: '不但 búdàn + A + 而且 érqiě + B'

'A'보다 더 심화·발전된 내용이나 상황이 'B'에 옴

她不但喜欢喝咖啡，而且还喜欢喝中国茶。
Tā búdàn xǐhuan hē kāfēi, érqiě hái xǐhuan hē Zhōngguó chá.
그녀는 커피 마시는 것을 좋아할 뿐만 아니라, 중국차 마시는 것도 좋아해요.

5 부정반어문: '不是 bú shì + A + 吗 ma'

긍정의 의미를 한층 더 강조하는 문형으로, 대답은 불필요

你不是会说汉语吗? 너 중국어 할 수 있지 않아?(중국어를 할 수 있다.)
Nǐ bú shì huì shuō Hànyǔ ma?

这本书不是你的吗? 이 책 네 거 아니야?(책은 너의 것이 분명하다.)
Zhè běn shū bú shì nǐ de ma?

6 동사₁ + '了₁ le' + (목적어) + '就 jiù' + 동사₂

'동사₁'은 '동사₂'를 수행하기 위한 가정조건으로, '了'는 '동사₁'이 '동사₂'보다 시간적으로 먼저 완료되었다는 뜻을 표시

我们明天下了课就开始做作业吧。 우리 내일 수업 끝나고 바로 숙제를 시작하자.
Wǒmen míngtiān xiàle kè jiù kāishǐ zuò zuòyè ba.

7 가능보어

㉮ 가능보어(1): 동사 + '得 / 不' + 결과보어

동사와 결과보어 사이에 '得' 혹은 '不'를 삽입하면, 동작의 결과에 도달 가능한지를 표시

1) **긍정문:** 你想买的都买得到。 당신이 사고 싶은 건 다 살 수 있어요.
　　　　　　Nǐ xiǎng mǎi de dōu mǎi de dào.

2) **부정문:** 我看不清楚你写的字。 나는 당신이 쓴 글씨를 알아볼 수가 없어요.
　　　　　　Wǒ kàn bu qīngchu nǐ xiě de zì.

❹ 가능보어(2): 来 + 得 / 不 + 及

'来得及', '来不及'와 같은 '숙어성 가능보어'는 '来及'(동사+결과보어)의 형태가 존재하지 않고, 숙어처럼 '특별한 의미'를 표시

1) 来得及 láidejí: 시간적 여유가 있어서 동사의 동작을 할 수 있다.

现在起床，还来得及吃早饭。 지금 일어나면, 아직 아침 식사에는 늦지 않아요.
Xiànzài qǐchuáng, hái láidejí chī zǎofàn.

2) 来不及 láibují: 시간적 여유가 없어서 동사의 동작을 할 수 없다.

作业太多，来不及写完。 숙제가 너무 많아서 제때에 다 할 수 없어요.
Zuòyè tài duō, láibují xiěwán.

8 동량사(2)

대명사와 동량사: 주어 + 동사 + 대명사 + 수사 + 동량사

我见过她一次。 나는 그녀를 한 번 만난 적이 있어요.
Wǒ jiànguo tā yí cì.

她看了我一眼。 그녀는 나를 한 번 슬쩍 봤어요.
Tā kànle wǒ yì yǎn.

9 단순방향보어

방향을 표시하는 단음절 동사가 동사의 뒤에서 동작 방향을 지시

来 ↔ 去		上 ↔ 下		进 ↔ 出		回	过	起	开
lái	qù	shàng	xià	jìn	chū	huí	guò	qǐ	kāi
오다	가다	위로	아래로	들다	나다	되돌다	가로지르다	아래서 위로	멀어지다

㉮ '来 ↔ 去'의 어순: 동작이 화자 쪽으로 다가오면 '来', 멀어지면 '去'

1) 사물 목적어, 동작의 실현: 동사 + 来 / 去 + 了 + 목적어

她买来了两杯咖啡。 그녀는 커피 두 잔을 사왔어요.
Tā mǎilai le liǎng bēi kāfēi.

2) 사물 목적어, 동작의 미실현: 동사 + 목적어 + 来 / 去

明天我要带礼物去。 내일 제가 선물을 가지고 갈게요.
Míngtiān wǒ yào dài lǐwù qu.

3) 장소목적어: 동사 + 장소목적어 + 来 / 去

下课以后，她回家去了。 수업이 끝난 뒤, 그녀는 집으로 돌아갔어요.
Xiàkè yǐhòu, tā huí jiā qu le.

④ 나머지 단순방향보어의 어순: 동사 + 단순방향보어 + 목적어

我们一起爬上了雪岳山。 우리들은 함께 설악산을 올라갔어요.
Wǒmen yìqǐ páshang le Xuěyuè Shān.

🔟 '把 bǎ'자문

'把'는 목적어를 동사의 앞으로 끌고 오는 역할을 하는데, 이때, 동사의 뒤에는 각종 부가 성분이 존재해야 하며, 조동사나 부정사는 '把'의 앞에 위치

㉮ 了: 昨天我把钥匙丢了。 어제 나는 열쇠를 잃어버렸어요.
Zuótiān wǒ bǎ yàoshi diū le.

④ 장소: 请你把书放在我的桌子上。 책을 내 책상 위에 놓아두세요.
Qǐng nǐ bǎ shū fàngzài wǒ de zhuōzi shang.

㉰ 결과보어: 我把手机摔坏了。 내가 핸드폰을 떨어트려서 부서졌어요.
Wǒ bǎ shǒujī shuāihuài le.

㉱ 부정문: 他没把照相机带来。 그가 사진기를 가져오지 않았어요.
Tā méi bǎ zhàoxiàngjī dàilai.

11 비교문

㉮ 동등비교문(2): '有'자문

A가 B 정도의 수준에 도달하였음을 표시하며, 비교의 중점은 'B'에 있고, 서술어의 앞에는 '这么 zhème/ 那么 nàme'를 동반

你们班有我们班(这么)安静吗？ 너희 반은 우리 반만큼 (이렇게) 조용하니?
Nǐmen bān yǒu wǒmen bān (zhème) ānjìng ma?

首尔没有北京(那么)冷。 서울은 베이징만큼 (그렇게) 춥지는 않아요.
Shǒu'ěr méiyǒu Běijīng (nàme) lěng.

➍ 차등비교문: '比'자문

비교 대상 A와 B 사이의 구체적인 차이나 우열을 서술어의 뒤에 표시하며, 부정문은 서술어가 아니라 '比'를 부정(不比)

1) 기본 어순: 我比他高。 나는 그보다 (키가) 커요.
Wǒ bǐ tā gāo.

2) 还 hái / 更 gèng: 我比他更高。 나는 그보다 (키가) 더 커요.
Wǒ bǐ tā gèng gāo.

3) 차이 표시: 我比他高七厘米。 나는 그보다 (키가) 7cm 더 커요.
Wǒ bǐ tā gāo qī límǐ.

4) 부정문: 我不比他高。 나는 그보다 (키가) 크지 않아요.
Wǒ bù bǐ tā gāo.

※ 차등비교 '比'와 동등비교 '有': '比' 비교문의 부정은 어법적으로 '不比'이지만, 실제 회화에서는 '有' 비교문의 부정문을 활용

A + 比 + B + 서술어	(현실적 부정 관계) ⟷	A + 没有 + B + 서술어
↕ (어법적 부정 관계)		↕ (어법적 부정 관계)
A + 不比 + B + 서술어		A + 有 + B + 서술어

➎ 동등비교문(3): 'A + 跟 + B + 一样 + 서술어'

일반적인 부정문은 서술어를 부정

看书跟看电影一样有意思。 책 읽기는 영화 보기와 마찬가지로 재미있어요.
Kàn shū gēn kàn diànyǐng yíyàng yǒu yìsi.

我跟我姐姐一样不吃鱼。 나는 우리 언니와 마찬가지로 생선을 안 먹어요.
Wǒ gēn wǒ jiějie yíyàng bù chī yú.

12 '被 bèi' 피동문

행위의 주체는 '被'의 뒤, 주어는 피해자 혹은 동작의 대상

我的成绩单被妈妈发现了。 내 성적표는 엄마에게 발견되고 말았어요.
Wǒ de chéngjìdān bèi māma fāxiàn le.

13 조사 '着 zhe'와 존재문

상태의 지속을 표시하는 조사 '着'와 존재문은 함께 쓰이는 빈도가 높음

椅子上坐着一个孩子。 의자에 어린이가 한 명 앉아 있어요.(앉아 있는 상태 지속)
Yǐzi shang zuòzhe yí ge háizi.

床上躺着一个病人。 침대에는 환자가 한 명 누워 있어요.
Chuáng shang tǎngzhe yí ge bìngrén.

14 단음절 형용사의 중첩

'A'가 'AA' 형식으로 중첩되면, 의미가 긍정적으로 '강조'되면서 상황을 '생생하게 묘사'하는 느낌이 첨가됨. 'AA'는 부사의 수식을 받지 않으며, 'AA + 的'의 형태로 서술어가 되고, 구어체에서는 두 번째 음절에 '儿'을 붙여서 제1성으로 읽음

㉮ 동사 수식: 王老师慢慢儿走进了教室。 왕 선생님은 천천히 교실로 걸어 들어갔어요.
　　　　　　　Wáng lǎoshī mànmānr zǒujìnle jiàoshì.

㉯ 명사 수식: 你们的面前有条长长的路。 여러분 앞에는 기다란 길(앞날)이 있어요.
　　　　　　　Nǐmen de miànqián yǒu tiáo chángcháng de lù.

㉰ 서술어: 爸爸的头发黑黑的。 아빠의 머리카락은 무척이나 새까매요.
　　　　　　Bàba de tóufa hēihēi de.

15 '来 lái' + 동사

동작을 수행하는 주어의 적극적인 자세나 마음가짐을 표시

你来唱，我来跳! 너는 노래해, 나는 춤을 출테니!
Nǐ lái chàng, wǒ lái tiào!

我来尝尝。 내가 맛볼게요.
Wǒ lái chángchang.

상하이(上海 Shànghǎi)의 간선도로 이름에 녹아 있는 중국 근대사의 어둠

청나라 말기, 영국 상인들은 아편을 청나라로 들여와 공공연하게 판매하여 거대한 이익을 취하고 있었습니다. 청나라로부터 대량의 차(茶)를 수입하던 영국이 무역역조를 해소하기 위하여 국가적으로 아편 수출에 뛰어들었던 것이죠. 1839년, 아편 중독에 흔들리는 나라를 구하기 위하여 청의 고위관리 임칙서(林则徐 Lín Zéxú)가 광동에서 영국 상인들의 아편을 몰수하여 불태워 버리는 사건이 발생합니다. 영국은 영국 상인의 상품이 훼손되었다는 것을 핑계 삼아 1840년 아편전쟁을 일으켰고, 근대적인 군함 한 척 없던 청나라는 결국 1842년 중국 근대사에 있어서 최초의 불평등조약인 '난징조약(南京条约 Nánjīng Tiáoyuē)'을 맺게 됩니다.

이 조약의 결과, 개항항으로 지정된 상하이에는 1845년 영국 조계(租界 zūjiè)를 필두로 하여 미국 조계, 프랑스 조계 등이 설치되어 청나라의 권력이 미치지 못하는, 외국인을 위한 치외법권 지역이 만들어졌습니다. 바닷가의 한적한 어촌에 불과하던 상하이는, 이후 많은 외국 상인들이 몰려들어 자유롭게 사업을 벌이는 국제 무역항으로 발전하게 됩니다.

이런 사실을 바탕으로, 상하이 중심가의 간선 도로를 간략하게 한번 살펴볼까요?

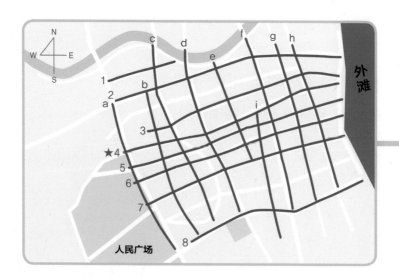

　　서울의 명동 정도에 해당하는 난징루(南京路 Nánjīng Lù)를 중심으로, 상하이 중심가의 간선 도로 이름을 자세히 살펴보면 어떤 규칙이 숨어 있습니다. 여러분, 눈치채셨나요?

　　동서로 달리는 도로에는 중국의 주요 '도시 이름', 남북으로 뻗어 있는 도로에는 '성(省 shěng) 이름'이 붙어 있습니다. 이는 도로 건설 단계에서, 영어의 'street(동서로 달리는 도로)'와 'avenue(남북으로 달리는 도로)'의 차이를 고려하여 정했기 때문입니다. 중국의 다른 대도시의 도로 이름을 조사해 보아도 상하이만큼 방위를 또렷하게 구분할 수 있도록 정한 케이스는 찾기 힘드니까요.

　　이는 당시 남경로 주변 지역을 할양받아 조계 지역의 도시계획에 전권을 행사했던 상하이 주재 영국영사의 의도가 반영된 것이라고 합니다. 영어를 모국어로 하는 영국 사람의 입장에서 도로를 계획할 때, 동서 방향의 도로와 남북 방향의 도로에 서로 구분되는 명칭을 붙이는 것은 당연한 발상이었기 때문에, 중국어로 그런 차이를 표현하기 위하여 중국의 주요 도시 이름(동서 방향)과 성 이름(남북 방향)을 활용했던 것입니다.

　　이제 여러분이 상하이를 여행할 때, 도로 표지판만 쳐다보아도 자신이 최소한 동서남북의 어디쯤에 서 있는지, 어디로 가고 있는지 정도는 알 수 있게 되었겠죠? 주의할 점은, 중국의 도시와 성 이름을 빌려 오는 것만으로는 나날이 발전하는 대도시 상하이의 도로 증가 수요를 만족시킬 수 없게 되었기 때문에, 새로 만들어진 많은 도로의 이름은 더 이상 이 규칙을 따르지 않게 되었다는 사실입니다.

1 厦门路 Xiàmén Lù 샤먼루	a 西藏路 Xīzàng Lù 시짱루
2 北京路 Běijīng Lù 베이징루	b 广西路 Guǎngxī Lù 광시루
3 天津路 Tiānjīn Lù 톈진루	c 浙江路 Zhèjiāng Lù 저장루
4 南京路 Nánjīng Lù 난징루	d 福建路 Fújiàn Lù 푸젠루
5 九江路 Jiǔjiāng Lù 주장루	e 山西路 Shānxī Lù 산시루
6 汉口路 Hànkǒu Lù 한커우루	f 河南路 Hénán Lù 허난루
7 福州路 Fúzhōu Lù 푸저우루	g 江西路 Jiāngxī Lù 장시루
8 延安路 Yán'ān Lù 옌안루	h 四川路 Sìchuān Lù 쓰촨루
	i 山东路 Shāndōng Lù 산둥루

부록

해석
정답
색인
단어장

✏️ PRETEST 1권 복습

* 질문 문장은 A, 정답 문장은 B로 표기하였습니다.

1 A: 안녕하세요.

B: 안녕하세요.

2 A: 당신의 아빠 엄마는 잘 지내십니까?

B: 그들은 모두 잘 지냅니다.

3 A: 커피 드세요.

B: 감사합니다.

4 A: 안녕히 계세요.

B: 안녕히 가세요.

5 A: 당신의 이름은 무엇입니까?

B: 제 이름은 김지용입니다.

6 A: 당신은 어느 나라 사람입니까?

B: 저는 한국 사람입니다.

7 A: 당신 집은 식구가 몇 명입니까?

B: 우리 집은 세 식구입니다.

8 A: 가족 구성원이 어떻게 됩니까?

B: 아빠, 엄마 그리고 저입니다.

9 A: 당신은 올해 몇 살 되었습니까?

B: 저는 올해 20살 되었습니다.

10 A: 당신은 무슨 띠입니까?

B: 저는 말띠입니다.

11 A: 당신의 생일은 몇 월 며칠입니까?

B: 1월 1일입니다.

12 A: 당신의 핸드폰 번호는 몇 번입니까?

B: 010-2354-6660입니다.

13 A: 당신 집에서 학교까지는 멉니까?

B: 매우 멉니다.

14 A: 오늘은 무슨 요일입니까?

B: 오늘은 일요일입니다.

15 A: 지금은 몇 시입니까?

B: 지금은 2시입니다.

16 A: 이 옷은 (값이) 얼마입니까?

B: 800위안입니다.

17 A: 내일 당신은 학교에 옵니까?

B: 내일 저는 학교에 오지 않습니다.

18 A: 내일 당신은 학교에 어떻게 옵니까?

B: 내일 저는 지하철을 타고 학교에 옵니다.

19 A: 어제 당신은 학교에 왔습니까?

B: 어제 저는 학교에 오지 않았습니다.

20 A: 어제 당신은 학교에 어떻게 왔습니까?

B: 어제 저는 지하철을 타고 학교에 왔습니다.

LESSON 01

你来中国多长时间了?
중국에 온 지 얼마나 되었나요?

회화 ① ——————————— 18쪽

김지용	중국어는 어렵니 어렵지 않니?
박민영	나는 좀 어려운 것 같아.
김지용	뭐가 제일 어려워?
박민영	성조. 너는?
김지용	나는 한자, 발음과 어법 어렵지 않은 게 없어.
박민영	그렇긴 해.

확인 문제

1 박민영은 중국어의 성조가 어렵다고 생각한다.

2 김지용은 중국어가 어렵지 않다고 생각한다.

회화 ② ——————————— 20쪽

김지용	너는 중국에 온 지 얼마나 됐어?
박민영	석 달 됐어.
김지용	너는 국내에서 중국어를 배운 적이 있어?

박민영 반년 배웠어. 너는?

김지용 나는 중국에 온 이후에야 (비로소) 배우기 시작했어.

확인 문제

1 박민영은 중국에 온 지 석 달 되었다.

2 김지용은 중국에 온 이후에야 중국어를 배우기 시작했다.

바꾸어 말하기 ————————— 25쪽

1 저는 중국어가 좀 어렵다고 느낍니다.

저는 커피가 맛있다고 생각합니다.

저는 날씨가 좀 춥다고 느낍니다.

저는 그 옷이 좀 비싸다고 생각합니다.

2 당신은 중국에 온 지 얼마나 되었습니까?

당신은 중국어를 배운 지 얼마나 되었습니까?

당신은 집에 간 지 얼마나 되었습니까?

당신은 전화한 지 얼마나 되었습니까?

3 당신은 중국어를 배운 적이 있습니까?

당신은 탕수육을 먹은 적이 있습니까?

당신은 판다를 본 적이 있습니까?

당신은 만리장성에 간 적이 있습니까?

회화의 달인 ————————— 28쪽

데이비드와 마리는 국내에서 중국어를 배운 적이 없습니다. 그들은 중국에 온 이후에야 비로소 중국어를 배우기 시작했습니다. 데이비드는 중국어의 발음은 그다지 어렵지 않지만, 한자는 매우 어렵다고 느낍니다. 마리도 한자가 가장 어렵다고 느낍니다.

LESSON 02

今天我请你吃午饭。
오늘은 제가 점심을 한턱낼게요.

회화① ————————— 32쪽

김지용 너는 점심밥 먹었니 안 먹었니?

박민영 아직 안 먹었어.

김지용 오늘 내가 점심을 한턱낼게.

박민영 미안해, 다음에 사 줘.

김지용 왜 그러는데?

박민영 나는 곧 친구를 마중하러 기차역에 가야 해.

확인 문제

1 박민영은 김지용에게 점심밥을 사 주고 싶어 한다.

2 박민영과 김지용은 점심밥을 먹고 있다.

회화② ————————— 34쪽

리우쯔이 너의 그 친구는 어느 지역 사람이야?

천이산 상하이 사람이야.

리우쯔이 너네는 어떻게 알게 됐어?

천이산 우리 둘은 룸메이트였어.

리우쯔이 그럼 너희들 사이는 틀림없이 좋겠네?

천이산 응. 우리는 절친이야, 마치 형제 같다고나 할까.

확인 문제

1 천이산은 상하이(출신) 친구가 있다.

2 천이산과 그의 상하이(출신) 친구는 절친이다.

바꾸어 말하기 ————————— 38쪽

1 당신은 점심밥을 먹었나요 안 먹었나요?

당신은 수업을 들었나요 안 들었나요?

해석

당신은 엄마에게 전화를 했나요 안 했나요?

당신은 옷을 샀나요 안 샀나요?

2 오늘 제가 당신에게 점심을 대접하겠습니다.

오늘 제가 당신에게 차를 대접하겠습니다.

오늘 제가 당신을 우리 집에 초대하겠습니다.

오늘 제가 당신에게 국수를 대접하겠습니다.

3 저는 기차역에 친구를 마중하러 가려고 합니다.

저는 동물원에 판다를 보러 가려고 합니다.

저는 쇼핑몰에 옷을 사러 가려고 합니다.

저는 학교에 수업하러 가려고 합니다.

회화의 달인 —————————— 41쪽

데이비드는 마리에게 점심을 한턱내고 싶지만, 마리는 시간이 없습니다. 마리의 친구 한 명이 베이징에 마리를 만나러 올 거라서, 마리는 곧 친구를 마중하러 기차역에 가야 합니다.

LESSON 03

她下个月就要结婚了。
그녀는 다음 달에 곧 결혼할 거예요.

회화① —————————— 44쪽

박민영 나는 결혼 선물을 하나 사야 해.

천이산 누가 결혼하는데?

박민영 우리 고등학교 역사 선생님.
       다음 달에 곧 결혼하셔.

천이산 여자 선생님이시니 아니면 남자 선생님이시니?

박민영 젊은 여자 선생님이셔.

확인 문제

1 박민영의 고등학교 역사 선생님은 이번 달에 곧 결혼한다.

2 박민영의 고등학교 역사 선생님은 여자 선생님이다.

회화② —————————— 46쪽

박민영 선생님, 저 소포 하나 부치려고 하는데요.

직원   소포 안은 뭐예요?

박민영 젓가락 한 쌍과 그릇 몇 개요.
       얼마를 지불해야 하나요?

직원   92.5위안입니다.

박민영 돈 여기 있습니다. 한국까지는 며칠 걸리나요?

직원   1주일 정도요.

확인 문제

1 박민영이 부치는 소포 안에는 젓가락이 없다.

2 소포는 한 달 걸려야 한국에 도착할 수 있다.

바꾸어 말하기 —————————— 51쪽

1 그녀는 다음 달에 곧 결혼합니다.

그녀는 다음 달에 곧 중국에 갑니다.

그녀는 다음 달에 곧 일을 합니다.

그녀는 다음 달에 곧 귀국합니다.

2 그는 여자 선생님입니까 아니면 남자 선생님입니까?

그는 영어 선생님입니까 아니면 중국어 선생님입니까?

그는 당신의 형(오빠)입니까 아니면 당신의 남동생입니까?

그는 학생입니까 아니면 선생님입니까?

3 제가 당신에게 돈을 드리겠습니다.

제가 당신에게 소포를 하나 드리겠습니다.

제가 당신에게 젓가락을 한 쌍 드리겠습니다.

제가 당신에게 선물을 하나 드리겠습니다.

회화의 달인 ——————— 54쪽

마리의 고등학교 선생님께서 다음 달에 곧 결혼하십니다. 마리는 선생님께 결혼 선물을 하나 사 드리고 싶습니다. 그러나 선생님께 무슨 선물을 사 드려야 할지 모르겠습니다. 데이비드가 "중국 젓가락을 한 쌍 사 드리는 거, 어때?"라고 말했습니다. 마리는 선생님께 중국 젓가락 한 쌍을 사 드리는 것은 상당히 괜찮다고 느꼈습니다.

LESSON 04

清华大学离这儿远吗?
칭화대학은 여기에서 먼가요?

회화① ——————— 58쪽

리우쯔이 칭화대학은 여기에서 멀어?
천이산 듣자 하니 멀지 않다던데. 매우 가깝대.
리우쯔이 나는 칭화대학에 한번 다녀와야 할 일이 있어.
천이산 내가 같이 가 줄까?
리우쯔이 넌 진짜 내 좋은 친구야.

확인 문제

1 여기에서 칭화대학까지는 멀다.
2 천이산은 리우쯔이와 같이 칭화대학에 가려고 한다.

회화② ——————— 60쪽

천이산 분명히 바로 이 근처에 있을텐데.
리우쯔이 우리 저 아주머니께 가서 한번 물어보자.
천이산 말씀 좀 여쭙겠습니다. 칭화대학에 가려면 어떻게 가야 하나요?
아주머니 앞쪽으로 쭉 가다가, 사거리에 도착해서 왼쪽으로 꺾으면 돼요.

천이산 정말 감사합니다.
아주머니 천만에요.

확인 문제

1 그 아주머니는 리우쯔이 일행을 모른다.
2 칭화대학은 사거리 근처에 있다.

바꾸어 말하기 ——————— 66쪽

1 **칭화대학은 여기에서 멉니까?**
당신 집은 여기에서 멉니까?
지하철역은 여기에서 멉니까?
기차역은 여기에서 멉니까?

2 **듣자 하니 칭화대학은 멀지 않다고 합니다.**
듣자 하니 중국어는 매우 재미있다고 합니다.
듣자 하니 그들 둘은 룸메이트라고 합니다.
듣자 하니 내일은 수업하지 않는다고 합니다.

3 **사거리에 도착해서 왼쪽으로 꺾으면 바로 왕 선생님 댁입니다.**
동물원에 도착해서 왼쪽으로 꺾으면 바로 왕 선생님 댁입니다.
지하철역에 도착해서 왼쪽으로 꺾으면 바로 왕 선생님 댁입니다.
장 선생님 댁에 도착해서 왼쪽으로 꺾으면 바로 왕 선생님 댁입니다.

회화의 달인 ——————— 69쪽

칭화대학은 마리의 학교에서 멀지 않습니다. 마리는 칭화대학에 한번 다녀올 일이 있는데, 그녀는 칭화대학에 어떻게 가는지 모릅니다. 데이비드는 칭화대학이 어디에 있는지 알아서, 마리에게 같이 갈 수 있다고 말합니다.

해석

LESSON 05

医生让我多休息。
의사 선생님이 저에게 많이 쉬라고 했어요.

회화① ——————————————— 72쪽

김지용　선생님, 죄송합니다. 지각했어요.

왕 선생님　괜찮아요. 안색이 별로 좋지 않네요.

김지용　저는 머리가 아픈데다, 기침까지 해요. 아마
　　　　도 감기에 걸린 것 같아요.

왕 선생님　병원에 진찰 받으러 갔었어요?

김지용　수업을 다 마치고 나서 가려고 합니다.

확인 문제

1　김지용은 오늘 지각했다.

2　김지용은 지금 바로 병원에 가고 싶어 한다.

회화② ——————————————— 74쪽

왕 선생님　감기는 좀 나았나요?

김지용　많이 좋아졌습니다.

왕 선생님　의사 선생님이 뭐라고 해요?

김지용　의사 선생님이 괜찮다고 했어요. 저보고 물
　　　　많이 마시고, 많이 쉬래요.

왕 선생님　주사는 맞았나요 안 맞았나요?

김지용　안 맞았어요. 이틀 동안 약을 먹으면 돼요.

확인 문제

1　김지용은 주사를 맞지 않았다.

2　의사는 김지용에게 많이 쉬라고 했다.

바꾸어 말하기 ——————————————— 80쪽

1 저는 수업을 다 마치고 나서 가려고 합니다.

저는 밥을 다 먹고 나서 가려고 합니다.

저는 커피를 다 마시고 나서 가려고 합니다.

저는 소포를 부치고 나서 가려고 합니다.

2 훨씬 좋아졌습니다.

훨씬 예뻐졌습니다.

훨씬 두꺼워졌습니다.

훨씬 낡아졌습니다.

3 그는 나에게 많이 쉬라고 합니다.

그는 나에게 중국어를 많이 말하라고 합니다.

그는 나에게 한자를 많이 쓰라고 합니다.

그는 나에게 두꺼운 옷을 많이 좀 사라고 합니다.

회화의 달인 ——————————————— 83쪽

요 며칠 데이비드는 안색이 별로 좋지 않았습니다. 그
는 머리가 아프고, 기침까지 하는 게, 아마도 감기에 걸
린 것 같았습니다. 마리는 데이비드에게 병원에 가서 진
찰을 받아보라고 했습니다. 그는 수업을 다 마치고 나서
간다고 했습니다. 오후에 마리는 데이비드를 보러 가서
어떤지 물어봤습니다. 그는 많이 좋아졌고, 의사 선생님
이 물을 많이 마시고, 많이 쉬라고 했다고 말했습니다.

LESSON 06

你会游泳吗?
당신은 수영할 수 있어요?

회화① ——————————————— 86쪽

리우쯔이　너는 수영할 수 있어?

김지용　할 수 있어. 나는 어제도 가서 한 시간 동안
　　　　수영했어.

리우쯔이　너는 매일 수영하러 가니?

김지용　일주일에 세 번 수영해.

리우쯔이　나에게 수영하는 걸 가르쳐 줄 수 있어?

김지용   당연히 가능하지.

1   김지용은 매일 수영하러 간다.
2   리우쯔이는 수영을 배우고 싶어 한다.

회화② ──────────────── 88쪽

천이산   너는 왜 아직도 텔레비전을 보고 있는 거야?
남동생   이게 마지막 회야.
천이산   도대체 텔레비전을 몇 시간째 보고 있는 거야?
남동생   두 시간.
천이산   숙제는 했어?
남동생   30분만 더 보고 바로 하러 갈게.

1   천이산의 남동생은 텔레비전 보는 것을 좋아하는 것 같다.
2   천이산의 남동생은 숙제를 다 했다.

바꾸어 말하기 ──────────── 92쪽

1 당신은 수영할 줄 압니까?
당신은 중국어를 말할 줄 압니까?
당신은 한자를 읽을 줄 압니까?
당신은 밥을 할 줄 압니까?

2 당신은 왜 아직도 텔레비전을 보고 있습니까?
당신은 왜 아직도 밥을 먹고 있습니까?
당신은 왜 아직도 숙제를 하고 있습니까?
당신은 왜 아직도 수영하고 있습니까?

3 그는 텔레비전을 두 시간째 보고 있습니다.
그는 수업을 두 시간째 하고 있습니다.
그는 숙제를 두 시간째 하고 있습니다.
그는 전화를 두 시간째 하고 있습니다.

회화의 달인 ──────────────── 95쪽

데이비드는 수영하는 것을 좋아합니다. 그는 일주일에 세 번 수영하는데, 오늘도 수영하러 갔습니다. 마리는 수영할 줄 모르지만, 수영을 배우고 싶어 합니다. 마리는 데이비드에게 수영을 가르쳐 줄 수 있는지 물었고, 데이비드는 마리에게 수영을 가르쳐 줄 수 있다고 했습니다.

LESSON 07

今天的晚饭吃得很饱。
오늘 저녁밥은 배부르게 먹었어요.

회화① ──────────────── 110쪽

리우쯔이   학교 앞에 식당이 하나 새로 개업했더라.
천이산   나도 들었어.
리우쯔이   학교 친구한테 듣자 하니 그 식당에 가면 꼭 훠궈를 먹어야 한대.
천이산   우리 언제 한번 맛보러 가자.
리우쯔이   이번 주말, 어때?
천이산   그렇게 하자.

1   리우쯔이는 학교 앞에 식당이 있는지 없는지 모른다.
2   주말에 천이산 일행은 학교 앞에 있는 식당에 밥 먹으러 가려고 한다.

회화② ──────────────── 112쪽

리우쯔이   오늘 저녁밥 너무 배불리 먹었다.
천이산   나도 그래. 이 식당 요리는 싸고 맛있어. 정말 끝내줘.
리우쯔이   응. 요리가 맛있을 뿐만 아니라, 종업원도 친절해.

천이산   이 식당에 다른 요리를 맛보러 또 오고 싶어.

리우쯔이 그럼 우리 다음 주 토요일에 다시 먹으러 오는
          건, 어때?

천이산   좋아.

확인 문제

1   이 식당의 요리는 값은 싸지만, 맛은 없다.

2   이 식당의 종업원은 친절하다.

바꾸어 말하기 ─────── 118쪽

**1 내가 학교 친구에게 듣자 하니 그 식당에 가면 꼭
    훠궈를 먹어야 한다고 합니다.**

내가 학교 친구에게 듣자 하니 내일 수업하지 않는
다고 합니다.

내가 학교 친구에게 듣자 하니 왕 선생님은 아직
결혼하지 않았다고 합니다.

내가 학교 친구에게 듣자 하니 마리가 중국어를 잘
한다고 합니다.

2 이 식당의 요리는 싸고 맛있습니다.

그 식당의 요리는 비싸고 맛없습니다.

그 옷은 싸고 예쁩니다.

그의 핸드폰은 작고 가볍습니다.

3 요리가 맛있을 뿐만 아니라, 종업원도 친절합니다.

그녀가 예쁠 뿐만 아니라, 그녀의 언니도 예쁩니다.

색깔이 예쁠 뿐만 아니라, 스타일도 좋습니다.

회화의 달인 ─────── 121쪽

마리가 학교 친구에게 듣자 하니, 학교 앞에 새로 식당
이 개업했다고 합니다. 그녀는 그 식당에 가서 훠궈를
맛보고 싶습니다. 데이비드도 학교 앞에 새로 개업한 식
당에 간다면 꼭 훠궈를 먹어 봐야 한다는 말을 (누군가
로부터) 들었습니다. 그들 둘은 주말에 같이 가기로 했
습니다.

LESSON 08

你不是不爱运动吗?
당신은 운동하는 걸 안 좋아하지 않나요?

회화 ① ─────── 124쪽

리우쯔이 나는 내일부터 조깅을 시작하기로 결정했어.

김지용   너는 운동하는 거 안 좋아하지 않아?

리우쯔이 최근에 2kg이나 쪘어. 내 이 배 좀 봐봐.

김지용   나도 운동을 좀 해야 해.
          우리 같이 운동하러 가자.

리우쯔이 좋아. 내일 아침 6시 반에 교문 앞에서 만나
          서 바로 출발하자.

확인 문제

1   리우쯔이는 내일 조깅을 하러 가려고 한다.

2   리우쯔이는 최근 살이 쪘다.

회화 ② ─────── 126쪽

리우쯔이 나는 지쳤어, 뛸 수가 없어.

김지용   그럼 우리 잠시 쉬자.

리우쯔이 너 뭐 좀 마실래? 내가 음료 사다 줄게.

김지용   뭐? 음료?

리우쯔이 왜 그래?

김지용   너 다이어트 한다고 하지 않니?
          음료 마시면 살찌기 쉬워!

리우쯔이 앞으로는 음료도 마실 수 없게 됐네!

확인 문제

1   리우쯔이는 다이어트를 하고 싶어 한다.

2   음료를 마시면 다이어트 하기 쉽다.

1 당신은 운동하는 걸 안 좋아하지 않나요?

당신은 커피 마시는 걸 안 좋아하지 않나요?

당신은 훠궈 먹는 걸 좋아하지 않나요?

당신은 배부르지 않나요?

2 우리는 만나서 바로 출발합니다.

우리는 저녁밥을 먹고 바로 귀가합니다.

우리는 이번 편을 다 보고 바로 숙제합니다.

우리는 수업을 마치고 바로 옷을 사러 갑니다.

3 저는 뛸 수가 없습니다.

저는 걸을 수가 없습니다.

저는 다 쓸 수가 없습니다.

저는 배부르게 먹을 수가 없습니다.

회화의 달인 ──────── 133쪽

마리는 요즘 2kg이 쪘습니다. 그녀는 내일 아침부터 조깅을 시작하기로 결정했습니다. 데이비드는 마리가 운동하려고 한다는 걸 듣고, 마리와 같이 신체 단련을 하고 싶었습니다. 그들 둘은 내일 아침 6시 반에 교문 앞에서 만나기로 했습니다.

LESSON 09

吓我一跳!
나 깜짝 놀랐어!

회화 ① ──────── 136쪽

박민영 이 우유 내가 마셔도 돼?

천이산 안 돼. 마시지 마!

박민영 아이고! 깜짝이야!

천이산 이미 날짜가 지났어. 상했어.

박민영 그럼 왜 아직도 책상 위에 뒀어?

천이산 방금 버리려고 하는데, 네가 온 거야.

확인 문제

1 책상 위의 우유는 상했다.

2 박민영은 우유를 마시고 싶다.

회화 ② ──────── 138쪽

천이산 넌 왜 온 거야?

박민영 너와 상의하고 싶은 일이 하나 있어서.

천이산 무슨 일인데?

박민영 방학 때 내가 귀국하지 않고, 베이징에 남아 있으려고 하거든.

천이산 베이징에 남아서 뭐 하려고?

박민영 나는 베이징 일주를 하고 싶어. 네가 나를 위해 여행 코스 좀 잡아 줄 수 있겠니?

천이산 안심해. 나한테는 식은 죽 먹기니까.

확인 문제

1 박민영은 방학하면 귀국하려고 한다.

2 박민영은 방학하면 베이징 일주를 하고 싶다.

1 마시지 마세요!

텔레비전 보지 마세요!

가지 마세요!

말하지 마세요!

2 이미 날짜가 지났습니다.

이미 수업을 시작했습니다.

이미 수업을 마쳤습니다.

이미 집으로 돌아갔습니다.

3 당신은 베이징에 남아서 무엇을 할 겁니까?

당신은 집에 남아서 무엇을 할 겁니까?

해석

당신은 교실에 남아서 무엇을 할 겁니까?
당신은 학교에 남아서 무엇을 할 겁니까?

회화의 달인 —————————— 145쪽

이번 방학에 데이비드는 귀국하고 싶지 않습니다. 그는 중국에 남아서, 베이징 일주를 하고 싶어 합니다. 그는 베이징 친구가 한 명 있는데, 그 베이징 친구에게 여행 코스를 좀 잡아 달라고 부탁하려고 합니다.

LESSON 10

我把作业忘在宿舍了。
숙제를 깜빡하고 기숙사에 뒀어요.

회화① —————————— 148쪽

김지용   야단났다! 야단났어!

박민영   왜 그래? 너 교실에는 안 들어갈 거니?

김지용   숙제를 깜빡하고 기숙사에 뒀어.

박민영   지금 빨리 기숙사에 가서 가져와.

김지용   곧 수업 시작할 텐데, (시간적으로) 늦었어.

박민영   수업 시작 시간까지 아직 30분 남았어.
                 틀림없이 늦지 않을 거야.

확인 문제

1   김지용은 숙제를 하지 않았다.

2   지금 이미 수업이 시작되었다.

회화② —————————— 150쪽

박민영   너 하마터면 지각할 뻔했어.

김지용   다행히 지각은 안 했어. 숙제도 제때에 제출했고.

박민영   요즘 너 왜 줄곧 이것저것 잘 잊어버리니?

김지용   이건 날 탓할 수도 없어.

박민영   왜?

김지용   왜냐하면 월드컵이 시작돼서, 내가 며칠 밤을 연속해서 샜거든.

확인 문제

1   김지용은 수업에 지각하지 않았다.

2   김지용은 밤샘을 좋아한다.

바꾸어 말하기 —————————— 156쪽

1   **당신은 교실에 안 들어갑니까?**

     당신은 쇼핑몰에 안 들어갑니까?

     당신은 기숙사에 안 돌아갑니까?

     당신은 집에 안 갑니까?

2   **저는 숙제를 깜빡하고 기숙사에 두었습니다.**

     저는 열쇠를 깜빡하고 제 방에 두었습니다.

     저는 중국어 책을 깜빡하고 교실에 두었습니다.

     저는 음료를 깜빡하고 차 안에 두었습니다.

3   **저는 하마터면 지각할 뻔했습니다.**

     저는 하마터면 잊을 뻔했습니다.

     저는 하마터면 감기에 걸릴 뻔했습니다.

     저는 하마터면 잘못할 뻔했습니다.

회화의 달인 —————————— 159쪽

교실에 들어서자마자 데이비드는 야단났다고 했습니다. 그는 오늘 숙제를 깜빡하고 기숙사에 두고 안 가져왔습니다. 마리는 그에게 요즘 왜 줄곧 이것저것 잘 잊어버리는지 물었습니다. 데이비드는 이건 자기를 탓할 수 없다고 했습니다. 왜냐하면 월드컵이 시작되어서, 그는 며칠 밤을 연속해서 샜기 때문입니다.

LESSON 11

我比他矮五厘米。
나는 그보다 5cm 작아요.

회화 ①　————————————————　162쪽

리우쯔이　너는 키가 김지용만큼 그렇게 크니?

천이산　김지용만큼은 크지 않아. 나는 김지용보다
5cm 작아.

리우쯔이　너는 키가 몇인데?

천이산　나는 1m75이고, 김지용은 1m80이야.

리우쯔이　김지용도 너처럼 테니스 치는 것을 좋아해?

천이산　김지용은 테니스를 거의 치지 않아.
그는 축구하는 것을 좋아해.

확인 문제

1　천이산은 김지용보다 (키가) 크다.

2　김지용 역시 천이산과 마찬가지로 테니스 치는 것
을 좋아한다.

회화 ②　————————————————　164쪽

엄마　너 다리가 왜 그래?

천이산　방금 자전거에 부딪혀서 넘어졌어요.

엄마　아프지 않니? 어쩌다가 부딪혀 넘어졌는데?

천이산　핸드폰을 보다가, 자전거를 미처 발견하지
못했어요.

엄마　내가 평소에 말했었지, 길을 걸을 때는 핸드
폰 보지 말라고.

천이산　앞으로 다시는 하지 않을게요.

확인 문제

1　천이산은 자전거에 부딪혀 넘어졌다.

2　엄마는 평소 천이산에게 길을 걸을 때 핸드폰을 하
지 말라고 했다.

바꾸어 말하기　————————————　170쪽

1 저는 그만큼 (키가) 크지 않습니다.

저는 그만큼 (나이가) 많지 않습니다.

저는 그만큼 젊지 않습니다.

저는 그만큼 바쁘지 않습니다.

2 저는 그보다 5cm 작습니다.

저는 그보다 두 살 많습니다.

저는 그보다 3cm 큽니다.

저는 그보다 훨씬 바쁩니다.

3 저는 자전거에 부딪혀 넘어졌습니다.

그 요리는 남동생이 먹었습니다.

그 음료는 여동생이 마셨습니다.

그의 숙제는 선생님께서 가져가셨습니다.

회화의 달인　————————————————　173쪽

천이산은 데이비드만큼 (키가) 크지 않습니다. 데이비드
는 천이산보다 5cm 큰데, 천이산은 1m75이고, 데이비
드는 1m80입니다. 데이비드는 축구하는 것을 좋아하지
만, 천이산은 데이비드와 달리 축구는 거의 하지 않고,
테니스 치는 것을 좋아합니다.

LESSON 12

宿舍门口站着一个人。
기숙사 입구에 누가 서 있어요.

회화 ①　————————————————　176쪽

박민영　기숙사 입구에 어떤 사람이 서 있던데, 너
봤어?

김지용　봤어. 키가 훤칠하게 크고, 손에 꽃을 한 다발
들고 있던데.

박민영　그 사람이 바로 리우쯔이의 남자 친구야.

해석

김지용   오늘이 마침 리우쯔이의 생일이야!

박민영   내가 추측컨대, 그 사람은 리우쯔이의 생일
            을 축하해 주기 위해 왔을 거야.
            부러워 죽겠다.

김지용   리우쯔이는 어디에 갔어?

박민영   도서관에 가서 아직 안 돌아왔어.

확인 문제

1   오늘은 리우쯔이의 생일이다.

2   리우쯔이는 도서관에 가서 아직 돌아오지 않았다.

회화② —————————————— 178쪽

박민영   리우쯔이, 생일 축하해!

김지용   이건 너에게 주는 선물이야.

리우쯔이   고마워. 자, 케이크 한 조각 먹어.

박민영   이 케이크 정말 맛있다!

김지용   다이어트가 또 물거품이 됐네.

리우쯔이   우리 건배하자!

민영, 지용   좋아. 건배!

확인 문제

1   김지용은 리우쯔이에게 생일 선물을 하나 줬다.

2   리우쯔이의 생일 케이크는 맛있다.

바꾸어 말하기 —————————————— 182쪽

1   **기숙사 입구에 사람이 한 명 서 있습니다.**

    기숙사 입구에 사람이 한 명 앉아 있습니다.

    기숙사 입구에 지도가 한 장 붙어 있습니다.

    기숙사 입구에 자동차가 한 대 서 있습니다.

2   **그는 키가 훤칠하게 큽니다.**

    그는 키가 상당히 작습니다.

    그는 나이가 꽤 젊습니다.

    그는 머리카락이 꽤 깁니다.

3   **당신의 생일을 축하합니다.**

    엄마의 생일을 축하합니다.

    선생님 새해 복 많이 받으세요.

    여러분 즐거운 주말 보내세요.

회화의 달인 —————————————— 185쪽

기숙사 입구에 한 사람이 손에 꽃을 한 다발 들고 서 있습니다. 이 사람은 마리의 남자 친구입니다. 오늘은 마리의 생일이기 때문에, 그녀의 남자 친구는 그녀의 생일을 축하해 주기 위해, 꽃을 한 다발을 사서 마리의 기숙사에 왔습니다. 그러나 마리는 도서관에 가서 아직 돌아오지 않았습니다.

PRETEST 1권 복습

1. ②	2. ①
3. ①	4. ②
5. ①	6. ②
7. ①	8. ②
9. ①	10. ②
11. ②	12. ①
13. ①	14. ②
15. ①	16. ②
17. ①	18. ②
19. ①	20. ②

LESSON 01

你来中国多长时间了?
중국에 온 지 얼마나 되었나요?

회화① 확인 문제 ──────── 19쪽

1. O   2. X

회화② 확인 문제 ──────── 21쪽

1. O   2. O

어법 ─────────────── 22~24쪽

2 (1) 去北京一个月了
   (2) 吃了一个小时午饭
   (3) 等了我一个小时

3 (1) ②, 그는 그녀를 좋아한 적이 있습니다.
   (2) ②, 나는 판다를 본 적이 있습니다.
   (3) ③, 우리 아빠는 만리장성에 간 적이 있습니다.

4 (1) 才
   (2) 就

듣기의 달인 ──────────── 27쪽

1 (1) O   (2) X
   (3) O   (4) O
   (5) X

녹음 원문

(1) 여: 我觉得汉字很难。你呢?
    남: 我也觉得有点儿难。
(2) 여: 大卫，你知道这个汉字的声调吗?
    남: 这个汉字我没学过。
(3) 여: 陈先生，你的生日是五月十四号，对吗?
    남: 没错儿。
(4) 여: 小金，你来中国多长时间了?
    남: 半年了。
(5) 여: 你哥哥回家了吗?
    남: 没有。他七点才回来。
---

2 (1) C   (2) A
   (3) B

녹음 원문

(1) 남: 你觉得汉语什么最难?
    여: 听、说、读、写没有不难的。
    질문: 女的觉得汉语什么最难?
(2) 남: 你喝过中国茶吗?
    여: 喝过。我很喜欢喝中国茶。
    질문: 女的喜欢喝什么?
(3) 남: 小朴，你来中国多长时间了?
    여: 两个月了。
    질문: 小朴来中国多长时间了?

회화의 달인 ——————— 28쪽

玛丽: 大卫，你在国内学过汉语吗？

大卫: 没有。我是到中国以后才开始学的。
  你呢？

玛丽: 我也是到中国以后才开始学的。

大卫: 你觉得汉语什么最难？

玛丽: 汉字最难。

大卫: 我也觉得汉字太难了。

LESSON 02

今天我请你吃午饭。
오늘은 제가 점심을 한턱낼게요.

회화① 확인 문제 ——————— 33쪽

1. X   2. X

회화② 확인 문제 ——————— 35쪽

1. O   2. O

어법 ——————— 36~37쪽

1 (1) ㉮ 你吃没(有)吃早饭？

  ㉯ 你吃早饭了没(有)？

  (2) ㉮ 他们昨天去没(有)去动物园？

  ㉯ 他们昨天去动物园了没(有)？

2 (1) 请中国朋友来我家

  (2) 请我喝咖啡

3 (1) 要去动物园

  (2) 要买衣服

듣기의 달인 ——————— 40쪽

1 (1) O   (2) X

  (3) X   (4) X

  (5) X

녹음 원문

(1) 여: 你今天吃早饭了没有？
   남: 没吃。

(2) 여: 明天陈先生想请我们吃午饭。
   남: 不好意思，我明天下午四点才下课。

(3) 여: 你现在去哪儿？
   남: 我的一个朋友要来上海，我去火车站
     接他。

(4) 여: 你的那位朋友是哪里人？
   남: 他是北京人。

(5) 여: 你们俩都是中国人吗？
   남: 不。我是中国人，他是韩国人。

2 (1) B   (2) A

  (3) A

녹음 원문

(1) 남: 今天你可以跟我一起去买衣服吗？
   여: 不好意思。改天吧。
   질문: 女的是什么意思？

(2) 남: 我的汉语老师是上海人，你的汉语老
     师是哪里人？
   여: 北京人。
   질문: 女的的汉语老师是哪里人？

(3) 남: 你和你的男朋友是怎么认识的？
   여: 他的朋友就是我的室友。
   질문: 女的和她的男朋友可能是怎么认识
     的？

회화의 달인 ——————— 41쪽

大卫: 你吃午饭了没有？ / 你吃午饭了吗？

玛丽: 我还没吃午饭。

大卫: (今天)我请你吃午饭!

玛丽: 不好意思，你改天请我吃吧。

大卫: 怎么了?

玛丽: 我一会儿要去火车站接朋友。

LESSON 03

她下个月就要结婚了。
그녀는 다음 달에 곧 결혼할 거예요.

회화① 확인 문제 ——————— 45쪽

1. X   2. O

회화② 확인 문제 ——————— 47쪽

1. X   2. X

어법 ——————— 48~50쪽

1 (1) 得
    (2) 不用
    (3) 得

2 (1) 爸爸的生日明天就要到了。
    (2) 八点五十九分了，差一分钟就要上课了。

3 (1) 她是汉语老师还是英语老师?
    (2) 你吃面条还是(吃)米饭?
    (3) 她在打电话还是(在)发短信?

4 (1) 有
    (2) 是

듣기의 달인 ——————— 53쪽

1 (1) X   (2) O
    (3) O   (4) X
    (5) O

녹음 원문

(1) 여: 你姐姐结婚了没有?
    남: 她下个星期就要结婚了。

(2) 여: 你爸爸做什么工作?
    남: 他是高中老师，教学生历史。

(3) 여: 你的汉语老师是女的还是男的?
    남: 是女的。

(4) 여: 星期天你和室友去动物园还是去长城?
    남: 我们想去长城看看。

(5) 여: 你给谁寄包裹?
    남: 给妈妈。

2 (1) A   (2) B
    (3) C

녹음 원문

(1) 남: 妈妈，我没有钱了。
    여: 好。给你一百块。
    질문: 妈妈要给男的多少钱?

(2) 남: 你的室友喜欢喝中国茶还是喝咖啡?
    여: 我不知道。
    질문: 女的室友喜欢喝什么?

(3) 남: 你要寄包裹吗?
    여: 是的。我要给爸爸妈妈寄几双中国筷子。
    질문: 女的想给爸爸妈妈寄什么?

회화의 달인 ——————— 54쪽

玛丽: 我要买一件结婚礼物。

大卫: 谁要结婚?

玛丽: 我的高中老师下个月就要结婚了。

大卫: 你要买什么礼物?

玛丽: 我也不知道。

大卫: 买一双中国筷子，怎么样?

玛丽: 我觉得很不错。

LESSON 04

清华大学离这儿远吗?
칭화대학은 여기에서 먼가요?

회화① 확인 문제 —————— 59쪽

1. X   2. O

회화② 확인 문제 —————— 61쪽

1. O   2. O

어법 ———————————— 62~65쪽

2 (1) 趟
   (2) 次
   (3) 遍 / 次
   (4) 顿

3 (1) 내일 저는 영화 보러 갈 시간이 없습니다.
   (2) 저는 택시를 탈 돈이 없습니다.
   (3) 저는 오후에 들어야 할 수업이 있습니다.

4 (1) 应该是明天
   (2) 应该睡觉

5 (1) 左
   (2) 前 / 左

듣기의 달인 —————————— 68쪽

1 (1) X   (2) O
   (3) O   (4) X
   (5) O

녹음 원문

(1) 남: 你家离学校远吗?
    여: 有点儿远。

(2) 남: 你知道动物园在哪儿吗?
    여: 听说就在学校附近。

(3) 남: 天气冷了，我想买厚一点儿的衣服。
    여: 要不要我跟你一起去?
    남: 你真是我的好朋友。

(4) 남: 这儿附近有商场吗? 我想买双筷子。
    여: 我也不知道。我们去问问那位阿姨吧。

(5) 남: 请问，去动物园怎么走?
    여: 一直往前走，到十字路口往左拐就是。

2 (1) A   (2) C
   (3) B

녹음 원문

(1) 여: 请问，您是张先生吗?
    남: 您好，我就是。
    질문: 男的姓什么?

(2) 여: 我要坐地铁，地铁站离这儿远吗?
    남: 挺近的，一直往前走就是。
    질문: 女的可能要去哪儿?

(3) 여: 我有事儿要去一趟商场。
    남: 我也要买点儿喝的，我们一起去吧。
    질문: 男的去商场买什么?

회화의 달인 —————————— 69쪽

玛丽: 大卫，清华大学离这儿远吗?
       我有事儿要去一趟清华大学。

大卫: 清华大学离这儿不远。/ 不远。

玛丽: 你知道清华大学怎么走吗?

大卫: 我知道清华大学怎么走。/ 知道。

玛丽: 你可以跟我一起去吗?

大卫: 我可以跟你一起去。/ 可以。

玛丽: 太好了。你真是我的好朋友。

LESSON 05

医生让我多休息。
의사 선생님이 저에게 많이 쉬라고 했어요.

회화① 확인 문제 —————— 73쪽

1. O   2. X

회화② 확인 문제 —————— 75쪽

1. O   2. O

어법 ————————————— 76~79쪽

1 (1) 我头很疼。

(2) 你爸爸工作忙不忙?

2 (1) ②, 지금 그는 수업을 다 마쳤습니다.

(2) ③, 저는 아직 밥을 다 먹지 못했습니다.

3 (1) 感冒好多了

(2) 漂亮极了

(3) 最近忙死了

4 (1) 让我吃饭

(2) 让他多喝水

(3) 叫我做作业

5 (1) 중국어: 坐一会儿就好了。

한국어: 잠시 앉아 있으면 좋아져요.

(2) 중국어: 吃药就不疼了。

한국어: 약을 먹으면 안 아파져요.

듣기의 달인 ————————— 82쪽

1 (1) O   (2) O

(3) X   (4) O

(5) X

녹음 원문

(1) 남: 你怎么了?

여: 我牙有点儿疼。

(2) 남: 我想去给妈妈买生日礼物。

여: 我们吃完午饭再去吧。

(3) 남: 感冒好点儿了吗?

여: 好多了。

(4) 남: 上完汉语课,你去哪儿?

여: 我要和小刘去吃饭。

(5) 남: 老师让你怎么学习汉语?

여: 让我多听、多说。

2 (1) A   (2) A

(3) B

녹음 원문

(1) 여: 你今天迟到了没有?

남: 昨天迟到了,今天没迟到。

질문: 男的是什么时候迟到的?

(2) 여: 你去医院了吗? 医生怎么说?

남: 医生让我多休息。

질문: 医生让男的做什么?

(3) 여: 小王的病好点儿了吗?

남: 好多了。听说再吃几天药就好了。

질문: 小王可能要吃几天药?

회화의 달인 ————————— 83쪽

玛丽: 你脸色不太好。怎么了?

大卫: 我头疼,还咳嗽,可能感冒了。

玛丽: 你去医院看病了吗?

大卫: 我想上完课再去。

(시간 경과 후)

玛丽: 医生怎么说?

大卫: 医生让我多喝水、多休息。

LESSON 06

你会游泳吗?
당신은 수영할 수 있어요?

회화① 확인 문제 ——————— 87쪽

1. X   2. O

회화② 확인 문제 ——————— 89쪽

1. O   2. X

어법 ——————————— 90~91쪽

1 (1) 能, 수업할 때는 말하면 안 됩니다.
   (2) 会, 그는 중국어를 말할 줄 모릅니다.

2 ②

3 (1) ①
   (2) ②

듣기의 달인 ——————— 94쪽

1 (1) X   (2) O
   (3) O   (4) X
   (5) O

> **녹음 원문**
> (1) 남: 你昨天看电视了没有?
>   여: 昨天作业太多了，没看。
> (2) 남: 你会游泳吗? 要不要我教你?
>   여: 我不会。你教教我吧。
> (3) 남: 你每天都有课吗?
>   여: 不，星期五没有课。
> (4) 남: 妈妈，我可以再吃一个吗?
>   여: 当然可以。
> (5) 남: 听说你很喜欢吃面条，
>   一个星期吃几次面条?
>   여: 一个星期吃三次。

2 (1) B   (2) A
   (3) C

> **녹음 원문**
> (1) 여: 这个星期天你想做什么?
>   남: 我想在家看电视。
>   질문: 男的星期天可能做什么?
> (2) 여: 你能教我游泳吗?
>   남: 我不会游泳。
>   질문: 男的是什么意思?
> (3) 여: 你怎么还在做作业呢?
>   남: 今天的作业太多了。
>   做了两个小时了，还没做完呢。
>   질문: 男的做作业做了几个小时了?

회화의 달인 ——————— 95쪽

玛丽: 你会游泳吗?
大卫: 我会游泳。
玛丽: 你每天都游泳吗?
大卫: 我一个星期游三次。
玛丽: 你能教我游泳吗? / 你能不能教我游泳?
大卫: 当然可以。

LESSON 07

LESSON 07

今天的晚饭吃得很饱。
오늘 저녁밥은 배부르게 먹었어요.

회화① 확인 문제 ──────── 111쪽

1. X   2. O

회화② 확인 문제 ──────── 113쪽

1. X   2. O

어법 ──────────────── 114~117쪽

1 (1) 前边(儿) / 前面(儿)
　　(2) 后边(儿) / 后面(儿)

2 ①

3 (1) 他写汉字写得不快。
　　(2) 他说汉语说得不好。
　　(3) 他饭吃得不多。

4 (1) ④
　　(2) ①
　　(3) ②
　　(4) ③

5 (1) ③, 우리 아빠는 중국어를 할 줄 알 뿐만 아니
　　　라, 일본어도 할 줄 압니다.
　　(2) ①, 우리 아빠가 중국어를 할 줄 알 뿐만 아니
　　　라, 우리 엄마도 중국어를 할 줄 압니다.

듣기의 달인 ──────────── 120쪽

1 (1) X   (2) O
　　(3) O   (4) O
　　(5) X

녹음 원문

(1) 여: 学校前边的饭馆儿怎么样?
　　남: 不错，菜很好吃。
(2) 여: 大卫汉字写得怎么样?
　　남: 他汉字写得棒极了。
(3) 여: 你喜欢吃火锅吗?
　　남: 我还没吃过火锅呢。
(4) 여: 小王，你爸爸会说汉语吗?
　　남: 会，我妈妈也会说。
(5) 여: 你做的菜真好吃，我吃得太饱了。
　　남: 哪里哪里!

2 (1) C   (2) A
　　(3) B

녹음 원문

(1) 남: 你尝过刘子艺做的菜吗?
　　여: 当然吃过。她做菜做得棒极了。
　　질문: 刘子艺做的菜怎么样?
(2) 남: 我听陈一山说大卫的汉语很好。
　　여: 是啊。他不但汉语说得很好，
　　　　而且汉字写得也不错。
　　질문: 大卫的汉语怎么样?
(3) 남: 你尝过这家饭馆儿的菜吗?
　　여: 我上个周末也来过。来这家必吃火锅。
　　질문: 女的可能什么时候来过这家饭馆儿?

회화의 달인 ──────────── 121쪽

玛丽: 我听一个同学说学校前边新开了一家饭
　　　馆儿。你听说了吗?

大卫: 我也听说了。

玛丽: 我还听说那的火锅很好吃。我想去尝
　　　尝，你呢?

大卫: 我也想去尝尝。

玛丽: 咱们什么时候去尝尝吧。

大卫: 这个周末，怎么样?

玛丽: 一言为定。

LESSON 08

你不是不爱运动吗?
당신은 운동하는 걸 안 좋아하지 않나요?

회화① 확인 문제 ——————— 125쪽

1. O   2. O

회화② 확인 문제 ——————— 127쪽

1. O   2. X

어법 ——————————————— 128~129쪽

1 (1) ①
　　(2) ①

2 (1) ②, 저는 밥을 먹고 나서 바로 숙제를 합니다.
　　(2) ②, 저는 옷을 사고 나서 바로 집에 갑니다.
　　(3) ①, 우리 영화 보고 나서 바로 밥 먹으러 갑시다.

3 (1) ① 我听得懂老师的话。
　　　② 我听不懂老师的话。
　　　③ 你听得懂听不懂老师的话?
　　(2) ① 我看得懂这个汉字。
　　　② 我看不懂这个汉字。
　　　③ 你看得懂看不懂这个汉字?

듣기의 달인 ———————————— 132쪽

1 (1) X   (2) X
　　(3) O   (4) O
　　(5) O

녹음 원문

(1) 남: 你今天早上去哪儿了?
　　여: 我每天早上都去锻炼身体, 今天早上
　　　　也去锻炼了。
(2) 남: 你怎么了? 脸色不太好。
　　여: 我肚子有点儿疼。
(3) 남: 我最近胖了五公斤。你呢?
　　여: 我也胖了, 得减肥。
　　　　咱们明天开始一起去跑步, 怎么样?
　　남: 一言为定。
(4) 남: 你爱什么运动?
　　여: 我最爱游泳。我每个星期都去。
(5) 남: 咱们什么时候去买手机?
　　여: 下了课就去吧。

2 (1) C   (2) B
　　(3) A

녹음 원문

(1) 여: 你喝饮料还是喝茶?
　　남: 喝饮料容易长胖! 我喝茶吧。
　　질문: 男的为什么不喝饮料?
(2) 여: 我早上跑步跑了两个小时。
　　　　现在觉得很累。
　　남: 那你今天早点儿休息吧。
　　질문: 男的让女的做什么?
(3) 여: 小王的妈妈做的菜太好吃了。
　　남: 是啊。肚子饱得走不动了。
　　질문: 男的为什么走不动了?

회화의 달인 ——————————— 133쪽

大卫: 你什么时候开始去跑步?
玛丽: 明天早上。
大卫: 我也得运动运动。咱们一起去锻炼吧。
玛丽: 好。几点见面?
大卫: 六点半见面。

LESSON 09

吓我一跳!
나 깜짝 놀랐어!

회화① 확인 문제 —————— 137쪽

1. O   2. O

회화② 확인 문제 —————— 139쪽

1. X   2. O

어법 —————— 140~141쪽

① (1) 去那儿一趟

(2) 问他一下

② (1) 她已经二十岁了。

(2) 他已经结婚了。

③ 对，来说

듣기의 달인 —————— 144쪽

① (1) O   (2) X

(3) O   (4) O

(5) O

녹음 원문

(1) 남: 这盒牛奶是谁的? 我可以喝吗?

여: 是小陈的。你别喝，他会不高兴的。

(2) 남: 你的作业呢?

여: 老师，我放在您的桌子上了。

(3) 남: 周末我想去长城看看，我们一起去吧。

여: 周末别去，周末人太多了。

(4) 남: 今天二十五号啊!

那盒牛奶是不是过期了?

여: 你放心，我已经扔掉了。

(5) 남: 放假你留在北京吗?

여: 不，我二十号要回国。

---

② (1) C   (2) B

(3) A

녹음 원문

(1) 여: 你能帮我买几瓶饮料吗?

남: 当然可以。

질문: 女的让男的做什么?

(2) 여: 我这次放假没有回国，留在这儿周游北京了。

남: 真的吗? 太棒了。

질문: 女的这次放假做什么了?

(3) 여: 这次你的旅游路线是谁设计的?

남: 是我的一个中国朋友帮我设计的。

질문: 旅游路线是谁设计的?

회화의 달인 —————— 145쪽

玛丽: 你放假回国吗?

大卫: 我不想回国，想留在中国。

玛丽: 你留在中国做什么?

大卫: 周游北京。

玛丽: 旅游路线设计好了吗?

大卫: 我想请我的北京朋友帮我设计一下。

玛丽: 太棒了。

정답

LESSON 10

我把作业忘在宿舍了。
숙제를 깜빡하고 기숙사에 뒀어요.

회화① 확인 문제 ——————— 149쪽

1. X   2. X

회화② 확인 문제 ——————— 151쪽

1. O   2. X

어법 ——————— 152~155쪽

1 (1) ①
    (2) 来

2 (1) 我把那盒牛奶喝了。
    (2) 他把今天的作业做完了。
    (3) 他没把你的面包吃掉。

3 (1) 来得及
    (2) 来不及

4 (1) ②
    (2) ②

듣기의 달인 ——————— 158쪽

1 (1) O   (2) O
    (3) O   (4) X
    (5) O

> **녹음 원문**
>
> (1) 남: 教室里有没有人？
>   여: 现在教室里没有人。
> (2) 남: 你觉得我们去火车站，九点出发来得及吗？
>   여: 来不及，你们得八点半出发。

> (3) 남: 不好意思，我迟到了吧？
>   여: 没有。还差五分钟呢。
> (4) 남: 我差点儿把汉语书忘在教室了。
>   여: 我也差点儿把身份证忘在教室了。
> (5) 남: 你脸色不太好。昨天是不是熬夜了？
>   여: 是啊。最近作业太多了。

2 (1) B   (2) B
    (3) A

> **녹음 원문**
>
> (1) 여: 现在已经九点半了。咱们几点出发？
>   남: 十分钟以后出发吧。
>   질문: 他们几点出发？
> (2) 여: 我差点儿忘了明天是爸爸的生日。
>   남: 还好，现在还来得及去给爸爸买生日礼物。
>   질문: 关于女的，可以知道什么？
> (3) 여: 小王最近怎么总是丢三落四的？
>   남: 这不能怪他，因为世界杯开始了，所以他连续熬了几天夜。
>   질문: 小王最近怎么样？

회화의 달인 ——————— 159쪽

大卫: 糟糕！糟糕！

玛丽: 怎么了？

大卫: 我把作业忘在宿舍了。

玛丽: 最近你怎么总是丢三落四的？

大卫: 这不能怪我。因为世界杯开始了，所以我连续熬了几天夜。

LESSON 11

我比他矮五厘米。

나는 그보다 5cm 작아요.

회화① 확인 문제 ———————— 163쪽

1. X   2. X

회화② 확인 문제 ———————— 165쪽

1. O   2. O

어법 ———————————— 166~169쪽

1 (1) 没有哥哥那么高

　(2) 有王老师年轻吗

2 (1) 一只小狗

　(2) 五块

　(3) 十公斤

3 (1) 他跟我一样喜欢喝咖啡。

　(2) 他家跟我家一样很远。

4 (1) 牛奶被弟弟喝了。

　(2) 我的作业被老师拿走了。

　(3) 我的衣服被妹妹穿走了。

듣기의 달인 ———————————— 172쪽

1 (1) O   (2) O

　(3) X   (4) O

　(5) O

(1) 남: 你姐姐多大了?

　　여: 我二十一岁，我姐姐比我大两岁。

(2) 남: 你有你妈妈高吗?

　　여: 我妈妈没有我高。

(3) 남: 你喜欢喝咖啡吗?

　　여: 我很少喝咖啡。

(4) 남: 小王请我们明天到他家玩儿。

　　여: 行，我们明天下了课就去吧。

(5) 남: 听说你平时走路来学校，对吗?

　　여: 谁说的! 我家离学校太远了。

　　　　我平时都坐地铁。

2 (1) B   (2) B

　(3) C

(1) 여: 你走路怎么玩儿手机呢?

　　　会被撞倒的!

　　남: 放心，以后走路再也不玩儿了。

　　질문: 男的可能在做什么?

(2) 여: 你哥哥有你高吗?

　　남: 我哥哥一米七，我比他高五厘米。

　　질문: 男的多高?

(3) 여: 你平时爱看电视吗?

　　남: 爱看。可是最近工作太忙了，很少看。

　　질문: 男的最近为什么不看电视?

회화의 달인 ———————————— 173쪽

玛丽: 陈一山有你高吗?

大卫: 他没有我高。

玛丽: 你个子有多高?

大卫: 我一米八。

玛丽: 陈一山跟你一样也喜欢踢足球吗?

大卫: 他跟我不一样。他很少踢足球，

　　　喜欢打网球。

정답

LESSON 12

宿舍门口站着一个人。
기숙사 입구에 누가 서 있어요.

회화① 확인 문제 —————— 177쪽

1. O   2. O

회화② 확인 문제 —————— 179쪽

1. O   2. O

어법 —————————————— 180~181쪽

1 (1) 桌子上摆着一盒牛奶。
   (2) 教室里坐着一个人。
   (3) 饭馆儿前边站着几个人。

2 (1) 他肚子大大的。
   (2) 他个子矮矮的。

3 ①, ③

듣기의 달인 —————————— 184쪽

1 (1) X   (2) O
   (3) O   (4) X
   (5) O

> **녹음 원문**
> (1) 남: 奶奶，祝您生日快乐!
>   여: 谢谢你! 来吃块蛋糕吧。
> (2) 남: 那束花是谁送给你的?
>   여: 我的男朋友。
> (3) 남: 这个蛋糕很好吃，你来尝尝吧。
>   여: 不吃，吃了减肥会泡汤的。
> (4) 남: 你的室友去哪儿了?
>   여: 她去图书馆了。

> (5) 남: 这是什么?
>   여: 这是你的生日礼物。
>   你不是很喜欢小狗吗?

2 (1) C   (2) A
   (3) A

> **녹음 원문**
> (1) 여: 金先生手里拿着什么?
>   남: 他手里拿着一个蛋糕和几瓶饮料。
>   질문: 金先生手里拿着什么?
> (2) 여: 冷死了。我也得跟你一样买件厚点儿
>   的衣服。
>   남: 是啊，这几天天气冷了很多。
>   질문: 女的为什么想买厚衣服?
> (3) 여: 你猜，这只小狗是谁送我的?
>   남: 肯定是你爸爸送你的! 对不对?
>   여: 你猜错了，是我妈妈送我的。
>   질문: 小狗是谁送的?

회화의 달인 —————————— 185쪽

大卫: 刚才宿舍门口站着一个人，手里还拿着
      一束花。你知道那个人是谁吗?
玛丽: 知道。他就是我的男朋友。
大卫: 他怎么来了?
玛丽: 今天是我的生日。
      他是为了给我过生日来的。
大卫: 是吗? 祝你生日快乐! 你想要什么礼物?
玛丽: 不用了!

색인

색인

색인

색인

고유명사

퍼스트
중국어
❷
단어장

觉得 juéde 동 ~라고 느끼다, ~라고 생각하다
声调 shēngdiào 명 성조
汉字 Hànzì 명 한자
发音 fāyīn 명 발음
语法 yǔfǎ 명 어법
听 tīng 동 듣다 명 듣기
说 shuō 동 말하다 명 말하기
读 dú 동 읽다 명 읽기
写 xiě 동 쓰다 명 쓰기
没错(儿) méi cuò(r) 맞다, 틀림없다
错 cuò 형 틀리다

午饭 wǔfàn 명 점심밥
早饭 zǎofàn 명 아침밥
晚饭 wǎnfàn 명 저녁밥
还 hái 부 아직, 아직도, 여전히
请 qǐng 동 초대하다, 부탁하다
不好意思 bù hǎoyìsi 부끄럽다, 미안하다
改天 gǎitiān 부 다른 날, 다음에
一会儿 yíhuìr 수량 곧, 금방 수량 잠깐, 잠시
要 yào 조동 ~해야 한다, ~하려고 하다
火车站 huǒchēzhàn 명 기차역
接 jiē 동 마중하다

得 děi 조동 ~해야 한다
结婚 jié//hūn 동 결혼하다
礼物 lǐwù 명 선물
高中 gāozhōng 명 고등학교
历史 lìshǐ 명 역사
下 xià 명 다음
上 shàng 명 지난
就要……了 jiùyào……le 곧 ~할 것이다
快要……了 kuàiyào……le 곧 ~할 것이다
女 nǚ 명 여자
还是 háishi 접 또는, 아니면
男 nán 명 남자

来 lái 图 오다

长 cháng 휑 길다

时间 shíjiān 명 시간

国内 guónèi 명 국내

学 xué 图 배우다

过 guo 图 ~한 적이 있다[경험을 표시하는 조사]

年 nián 명 해, 년

到 dào 图 도착하다

以后 yǐhòu 명 이후

才 cái 뮈 (~에야) 비로소, 겨우

开始 kāishǐ 图 시작하다

❶ 단어장을 점선을 따라 잘라 주세요.

❷ LESSON01 ① ~ 12 ②와 주제별 어휘를
순서대로 정리해 주세요.

❸ 표시된 부분에 구멍을 뚫고 고리로 연결한 후,
출퇴근, 등하교 시간에 단어 학습할 때 활용해 보
세요.

* 단어장 음원에는 한국어 뜻 음성도 포함되어 있습니다.

寄 jì 图 (우편으로) 부치다

包裹 bāoguǒ 명 소포

服务员 fúwùyuán 명 종업원

里 li 명 속, 안

双 shuāng 양 쌍[짝을 이루는 것을 세는 단위]

筷子 kuàizi 명 젓가락

碗 wǎn 명 그릇

付 fù 图 지불하다

给 gěi 图 (~에게 ~을) 주다[이중목적어를 취하는
동사]

天 tiān 명 날, 일

能 néng 조동 ~할 수 있다, ~할 가능성이 있다

左右 zuǒyòu 명 가량, 내외

哪里 nǎli 때 어디

俩 liǎ 수량 두 사람, 두 개

室友 shìyǒu 명 룸메이트

关系 guānxi 명 관계

肯定 kěndìng 뮈 확실히, 틀림없이

铁哥们儿 tiěgēmenr 명 절친[남자들 사이에서 아주
친한 친구를 이르는 말]

兄弟 xiōngdì 명 형제

姐妹 jiěmèi 명 자매

上海 Shànghǎi 고유 상하이[지명]

离 lí 개 ~에서

听说 tīng//shuō 동 듣자 하니

挺 tǐng 부 꽤, 매우

近 jìn 형 가깝다

事(儿) shì(r) 명 일

趟 tàng 양 번, 차례[왕복하는 동작의 횟수를 세는
단위]

遍 biàn 양 회, 번[동작이 시작되어 끝날 때까지의
전 과정을 세는 단위]

清华大学 Qīnghuá Dàxué
고유 칭화대학[중국의 대학 이름]

北京大学 Běijīng Dàxué
고유 베이징대학[중국의 대학 이름]

对不起 duìbuqǐ 동 미안하다

迟到 chídào 동 지각하다

没事儿 méi//shìr 동 괜찮다

脸色 liǎnsè 명 안색

头 tóu 명 머리

疼 téng 동 아프다

咳嗽 késou 명 기침 동 기침하다

可能 kěnéng 부 아마도 (~일 것이다)

感冒 gǎnmào 명 감기 동 감기에 걸리다

医院 yīyuàn 명 병원

看病 kàn//bìng 동 진료를 받다

完 wán 동 마치다, 끝나다

再 zài 부 ~하고 나서, 다음에

会 huì 조동 ~할 줄 알다, ~할 수 있다

游泳 yóu//yǒng 동 수영하다, 헤엄치다

呀 ya 조 '啊 a'의 발음 변이형 어기조사

啊 a 조 어투를 부드럽게 하는 어기조사

游 yóu 동 수영하다, 헤엄치다

小时 xiǎoshí 명 시간[시간의 길이]

分钟 fēnzhōng 명 분[시간의 길이]

每天 měi tiān 명 매일

天天 tiāntiān 명 매일

每年 měi nián 명 매년, 매해

次 cì 양 번, 회

当然 dāngrán 부 당연히, 물론

前边 qiánbian 명 앞(쪽)

开 kāi 동 열다, 개업하다

家 jiā 양 집[집, 가게 등을 세는 단위]

饭馆儿 fànguǎnr 명 식당, 레스토랑

必 bì 부 반드시

火锅 huǒguō 명 훠궈[요리 이름]

咱们 zánmen 대 우리

尝 cháng 동 맛보다

周末 zhōumò 명 주말

一言为定 yì yán wéi dìng 한마디로 결정하다

LESSON 05 ② 75쪽

医生 yīshēng 몡 의사

不要紧 búyàojǐn 휑 괜찮다, 대수롭지 않다

让 ràng 동 ～에게 ～하게 하다

水 shuǐ 몡 물

休息 xiūxi 동 쉬다

打针 dǎ//zhēn 동 주사를 놓다

打 dǎ 동 (주사 등을) 놓다, (어떤 동작을) 하다

药 yào 몡 약

LESSON 04 ② 61쪽

应该 yīnggāi 조동 (마땅히) ～해야 한다,
　　　　　　　　　　(분명히) ～일 것이다

附近 fùjìn 몡 근처, 부근

问 wèn 동 묻다

阿姨 āyí 몡 아주머니

请问 qǐngwèn 동 말씀 좀 여쭙겠습니다

走 zǒu 동 가다, 걷다

一直 yìzhí 뷰 줄곧, 똑바로

往 wǎng 개 ～쪽으로

前 qián 몡 앞

十字路口 shízì lùkǒu 몡 사거리, 교차로

左 zuǒ 몡 왼쪽

右 yòu 몡 오른쪽

拐 guǎi 동 꺾다, 방향을 돌리다

LESSON 07 ② 113쪽

得 de 조 동사나 형용사의 뒤에 쓰여서
　　　　　 보어를 연결하는 조사

饱 bǎo 휑 배부르다

菜 cài 몡 요리

又……又…… yòu……yòu……
～하기도 하고 ～하기도 하다

便宜 piányi 휑 싸다

好吃 hǎochī 휑 맛있다

棒 bàng 휑 훌륭하다

极了 jíle 극히, 몹시, 대단히

不但……而且…… búdàn……érqiě……
～뿐만 아니라 게다가～

热情 rèqíng 휑 친절하다

别的 biéde 몡 다른 것

周六 zhōuliù 몡 토요일

LESSON 06 ② 89쪽

怎么 zěnme 대 (불만 표시의) 왜, 어째서

电视 diànshì 몡 텔레비전, TV

电影 diànyǐng 몡 영화

最后 zuìhòu 몡 최후, 마지막

集 jí 양 편, 회[영화나 드라마 등을 세는 단위]

到底 dàodǐ 뷰 도대체

作业 zuòyè 몡 숙제, 과제

做作业 zuò zuòyè 숙제를 하다

决定 juédìng 동 결정하다

跑步 pǎo//bù 동 달리기하다, 조깅을 하다

爱 ài 동 ~하기를 좋아하다, 즐기다

运动 yùndòng 동 운동하다

胖 pàng 형 뚱뚱하다

公斤 gōngjīn 양 킬로그램(kg)

肚子 dùzi 명 배[신체]

锻炼 duànliàn 동 단련하다

早上 zǎoshang 명 아침

门口 ménkǒu 명 입구

见面 jiàn//miàn 동 만나다

出发 chūfā 동 출발하다

盒 hé 양 갑[상자 등에 담긴 물건을 세는 단위]

牛奶 niúnǎi 명 우유

行 xíng 형 좋다, 괜찮다

别 bié 부 ~하지 마라

吓 xià 동 놀라다

跳 tiào 동 튀어 오르다, 점프하다

已经 yǐjīng 부 이미, 벌써

过期 guò//qī 동 기일이 지나다

坏 huài 형 상하다, 고장 나다

放 fàng 동 두다, 놓다

桌子 zhuōzi 명 책상, 테이블

刚 gāng 부 방금, 마침

扔掉 rēngdiào 동 내버리다

糟糕 zāogāo 형 야단났다, 아뿔싸, 아차

进 jìn 동 (안으로) 들다

教室 jiàoshì 명 교실

把 bǎ 개 ~을/를[목적어를 동사의 앞으로 끌고 오는 개사]

忘 wàng 동 잊다, 깜빡하다

快 kuài 부 빨리 형 빠르다

拿 ná 동 가지다, (손으로) 들다

来不及 láibují 동 손쓸 틈이 없다, 미치지 못하다

来得及 láidejí 동 늦지 않다

有 yǒu 동 ~만큼 되다

那么 nàme 대 그렇게, 저렇게

高 gāo 형 높다, (키가) 크다

比 bǐ 개 ~보다

矮 ǎi 형 (키가) 작다

厘米 límǐ 양 센티미터(cm)

个子 gèzi 명 키

米 mǐ 양 미터(m)

打 dǎ 동 (손을 사용하는 구기 종목을) 치다, 하다

网球 wǎngqiú 명 테니스

少 shǎo 형 적다

踢 tī 동 (발로) 차다

足球 zúqiú 명 축구

자르는 선

LESSON 09 ❷ 139쪽

商量 shāngliang 동 상의하다
放假 fàng//jià 동 방학하다, 휴가로 쉬다
留 liú 동 머무르다
周游 zhōuyóu 동 두루두루 돌아다니다
设计 shèjì 동 설계하다
一下(儿) yíxià(r) 수량 한번 ~좀 해 보다
旅游路线 lǚyóu lùxiàn 여행 코스
放心 fàng//xīn 동 안심하다
对……来说 duì……lái shuō ~에게 있어서
小菜一碟 xiǎocài yì dié 식은 죽 먹기
北京 Běijīng 고유 베이징[중국 지명]

LESSON 08 ❷ 127쪽

累 lèi 형 지치다, 피곤하다
跑 pǎo 동 뛰다, 달리다
动 dòng 동 움직이다
帮 bāng 동 돕다
瓶 píng 양 병[병에 든 음료를 세는 단위]
饮料 yǐnliào 명 음료
减肥 jiǎn//féi 동 다이어트를 하다
容易 róngyì 형 ~하기 쉽다
长胖 zhǎngpàng 동 살찌다

LESSON 11 ❷ 165쪽

腿 tuǐ 명 다리
刚才 gāngcái 명 방금
被 bèi 개 (~에게) ~당하다
自行车 zìxíngchē 명 자전거
撞 zhuàng 동 부딪치다
倒 dǎo 동 넘어지다
玩儿 wánr 동 놀다
注意 zhù//yì 동 주의하다, 조심하다
到 dào 동 ~에 미치다[동사의 보어로 쓰임]
平时 píngshí 명 평소
走路 zǒu//lù 동 길을 걷다
不要 búyào 부 ~하지 마라
再也 zài yě 이제 더는, 두 번 다시

LESSON 10 ❷ 151쪽

差点儿 chàdiǎnr 부 하마터면 (~할 뻔하다)
及时 jíshí 부 제때에, 적시에
交 jiāo 동 제출하다
总是 zǒngshì 부 늘, 줄곧
丢三落四 diū sān là sì 이것저것 잘 잊어버리다
怪 guài 동 책망하다
为什么 wèishénme 대 왜, 어째서
因为 yīnwèi 접 ~때문에
世界杯(足球赛) shìjièbēi (zúqiúsài)
명 월드컵 (축구 경기)
所以 suǒyǐ 접 그래서
连续 liánxù 동 연속하다
熬夜 áo//yè 동 밤을 새다

站 zhàn 동 서다

着 zhe 조 상태의 지속을 나타내는 조사

手 shǒu 명 손

束 shù 양 다발[꽃을 세는 단위]

花 huā 명 꽃

刚好 gānghǎo 부 때마침

猜 cāi 동 추측하다, 유추하여 생각하다

为了 wèile 개 ~을/를 위하여

过 guò 동 쇠다, 지내다

羡慕 xiànmù 동 부러워하다

死 sǐ 동 죽다

图书馆 túshūguǎn 명 도서관

紫禁城 Zǐjìnchéng 자금성

天安门广场 Tiān'ānmén Guǎngchǎng 천안문광장

天坛 Tiāntán 천단

颐和园 Yíhéyuán 이화원

泰山 Tài Shān 태산

东方明珠 Dōngfāngmíngzhū 동방명주

西湖 Xī Hú 서호

布达拉宫 Bùdálā Gōng 포탈라궁

客家土楼 Kèjiā tǔlóu 객가 토루

小学 xiǎoxué 초등학교

初中 chūzhōng 중학교

高中 gāozhōng 고등학교

毕业 bì//yè 졸업하다

成绩单 chéngjìdān 성적표

课程表 kèchéngbiǎo 수업 시간표

考试 kǎo//shì 시험을 보다

数学 shùxué 수학

教科书 jiàokēshū 교과서

耳鼻喉科 ěrbíhóukē 이비인후과

儿科 érkē 소아과

妇产科 fùchǎnkē 산부인과

眼科 yǎnkē 안과

内科 nèikē 내과

外科 wàikē 외과

牙科 yákē 치과

住院 zhù//yuàn 입원하다

出院 chū//yuàn 퇴원하다

음식 이름   39쪽

比萨饼 bǐsàbǐng 피자
甜甜圈 tiántiánquān 도넛
牛角面包 niújiǎo miànbāo 크로와상
汉堡 hànbǎo 햄버거
奶酪 nǎilào 치즈
热狗 règǒu 핫도그
薯条 shǔtiáo 프렌치프라이(감자튀김)
炸鸡 zhájī 프라이드 치킨
华夫饼 huáfūbǐng 와플

LESSON 12 2 179쪽

祝 zhù 동 기원하다, 축원하다
祝贺 zhùhè 동 축하하다
快乐 kuàilè 형 즐겁다
送 sòng 동 선물하다
来 lái 동 동사 앞에서 어떤 일을 하려고 하는
　　　적극성을 나타냄
块 kuài 양 조각[덩어리나 조각 형태의 물건을
　　　세는 단위]
蛋糕 dàngāo 명 케이크
好 hǎo 부 아주, 정말로
又 yòu 부 또, 다시
泡汤 pào//tāng 동 물거품이 되다
干杯 gān//bēi 동 건배하다

운동   93쪽

足球 zúqiú 축구
篮球 lánqiú 농구
棒球 bàngqiú 야구
网球 wǎngqiú 테니스
乒乓球 pīngpāngqiú 탁구
羽毛球 yǔmáoqiú 배드민턴
排球 páiqiú 배구
台球 táiqiú 당구
高尔夫球 gāo'ěrfūqiú 골프

방위사   67쪽

前 qián 앞
后 hòu 뒤
左 zuǒ 왼쪽
右 yòu 오른쪽
上 shàng 위
下 xià 아래
里 lǐ 안
外 wài 밖
东 dōng 동
西 xī 서
南 nán 남
北 běi 북

牛肉 niúròu 소고기

羊肉 yángròu 양고기

猪肉 zhūròu 돼지고기

金针菇 jīnzhēngū 팽이버섯

香菇 xiānggū 표고버섯

木耳 mù'ěr 목이버섯

莲藕 lián'ǒu 연근

蔬菜拼盘 shūcài pīnpán 모둠 채소

豆腐 dòufu 두부

椅子 yǐzi 의자

沙发 shāfā 소파

床 chuáng 침대

窗户 chuānghu 창문

窗帘 chuānglián 커튼

电灯 diàndēng 전등

空调 kōngtiáo 에어컨

电风扇 diànfēngshàn 선풍기

洗衣机 xǐyījī 세탁기

深 shēn 깊다

浅 qiǎn 얕다

长 cháng 길다

短 duǎn 짧다

粗 cū 굵다

细 xì 가늘다

硬 yìng 딱딱하다

软 ruǎn 말랑하다

甜 tián 달다

苦 kǔ 쓰다

干 gān 건조하다

湿 shī 축축하다

중국어 달인

萨克斯 sàkèsī 색소폰
长笛 chángdí 플루트
吉他 jítā 기타
钢琴 gāngqín 피아노
木琴 mùqín 실로폰
口琴 kǒuqín 하모니카
铃鼓 línggǔ 탬버린
小提琴 xiǎotíqín 바이올린
大提琴 dàtíqín 첼로

身体 shēntǐ 신체, 몸
头 tóu 머리
脸 liǎn 얼굴
眼睛 yǎnjing 눈
眉毛 méimao 눈썹
鼻子 bízi 코
嘴巴 zuǐbā 입
牙齿 yáchǐ 이빨
脖子 bózi 목
肩膀 jiānbǎng 어깨
手 shǒu 손
肚脐 dùqí 배꼽
腰 yāo 허리
屁股 pìgu 엉덩이
腿 tuǐ 다리

除夕 Chúxī 섣달그믐
春节 Chūn Jié (음력)설
元宵节 Yuánxiāo Jié 정월 대보름
清明节 Qīngmíng Jié 청명절
端午节 Duānwǔ Jié 단오
中秋节 Zhōngqiū Jié 추석
儿童节 Értóng Jié 어린이날
母亲节 Mǔqīn Jié 어머니날
圣诞节 Shèngdàn Jié 크리스마스

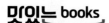

퍼스트 중국어

JRC 중국어연구소 기획
김준헌, 왕혜경 저

2

워크북

중국어 1등 학습 내비게이션

퍼스트 중국어

JRC 중국어연구소 기획
김준헌, 왕혜경 저

②

맛있는 books

01 你来中国多长时间了?

중국에 온 지 얼마나 되었나요?

✏️ 간체자 쓰기

觉得 juéde ~라고 여기다 (覺得)	`ヽ ` ` ` ` ` ` ` 觉 觉` `ノ ノ イ ナ ヤ ヤ 律 律 得 得 得` 觉得 juéde			

声调
shēngdiào
성조
(聲調)
	`一 十 声 青 青 青 声`
	`ヽ i i i i i i 调 调 调 调`
	
	声调
	
	shēngdiào			

汉字
Hànzì
한자
(漢字)
	`ヽ ` ` 汉 汉`
	`ヽ ` ` ` ` 字`
	
	汉字
	
	Hànzì			

发音
fāyīn
발음
(發音)
	`ノ ナ 发 发 发`
	`ヽ ` ` ` ` 音 音 音 音`
	
	发音
	
	fāyīn			

语法
yǔfǎ
어법
(語法)
	`ヽ i i i i 语 语 语 语`
	`ヽ ` ` ` 泸 泸 法 法`
	
	语法
	
	yǔfǎ			

来	一 丆 孨 买 平 来 来				
lái	来				
오다 (來)	lái				

时间	丨 冂 日 日 旷 时 时				
	丶 亻 门 门 问 间 间				
shíjiān	时间				
시간 (時間)	shíjiān				

国内	丨 冂 冂 冃 目 国 国 国				
	丨 冂 内 内				
guónèi	国内				
국내 (國內)	guónèi				

以后	㇄ ㇄ 以 以				
	一 厂 厂 斤 后 后				
yǐhòu	以后				
이후 (以後)	yǐhòu				

开始	一 二 于 开				
	㇄ 女 女 妈 妈 妈 始 始				
kāishǐ	开始				
시작하다 (開始)	kāishǐ				

1 병음에 성조를 표시하고, 한자, 병음, 뜻을 모두 익힌 단어는 □에 체크하세요.

□	觉得	juede	동 ~라고 느끼다, ~라고 생각하다
□	声调	shengdiao	명 성조
□	汉字	Hanzi	명 한자
□	发音	fayin	명 발음
□	语法	yufa	명 어법
□	听	ting	동 듣다　명 듣기
□	说	shuo	동 말하다　명 말하기
□	读	du	동 읽다　명 읽기
□	写	xie	동 쓰다　명 쓰기
□	没错(儿)	mei cuo(r)	맞다, 틀림없다
□	错	cuo	형 틀리다
□	来	lai	동 오다
□	长	chang	형 길다
□	时间	shijian	명 시간
□	国内	guonei	명 국내
□	学	xue	동 배우다
□	过	guo	조 ~한 적이 있다
□	年	nian	명 해, 년
□	到	dao	동 도착하다
□	以后	yihou	명 이후
□	才	cai	부 (~에야) 비로소, 겨우
□	开始	kaishi	동 시작하다

2 ⓐ는 중국어, ⓑ는 ⓐ의 병음입니다. 빈칸에 적절한 한자 혹은 병음을 써서 문장을 완성하세요.

(1) ⓐ 我(   )得有点儿难。
    ⓑ Wǒ juéde yǒudiǎnr (   ).

(2) ⓐ 汉字、发音和语法没有不(   )的。
    ⓑ Hànzì、fāyīn (   ) yǔfǎ méiyǒu bù nán de.

(3) ⓐ 你来中国(   )长时间了？
    ⓑ Nǐ (   ) Zhōngguó duō cháng shíjiān le?

(4) ⓐ 我在国内学(   )半年。
    ⓑ Wǒ (   ) guónèi xuéguo bàn nián.

3 보기 에서 알맞은 단어를 찾아 괄호를 채우세요. (보기의 단어 중복 사용 불가)

보기 才   过   觉得   最   了

(1) 我(   )汉语很有意思。

(2) 你(   )喜欢星期几？

(3) 你学汉语多长时间(   )？

(4) 三点上课，他三点十分(   )到。

(5) 我没学(   )日语。

4 제시된 단어들을 어순에 맞게 배열하여 한국어를 중국어로 옮겨 보세요.

(1) 오늘은 오후 5시에 비로소 수업을 마칩니다.

五点 / 今天 / 下课 / 才 / 下午

_____

(2) 그는 커피를 마셔 본 적이 없습니다.

过 / 咖啡 / 他 / 没 / 喝

_____

(3) 우리 아빠는 중국차 마시는 걸 제일 좋아합니다.

我 / 最 / 喝 / 喜欢 / 爸爸 / 中国 / 茶

_____

(4) 저는 중국에 온 후에야 비로소 중국어를 배우기 시작했습니다.

的 / 到 / 我 / 以后 / 学 / 中国 / 开始 / 才 / 汉语 / 是

_____

(5) 저는 커피가 맛있다고 생각합니다.

咖啡 / 我 / 很 / 觉得 / 好喝

_____

5 틀린 곳을 올바르게 고쳐 보세요.

(1) 我汉语很难。

(2) 我不学过汉语。

(3) 我来中国半年。

(4) 我觉得一点儿难。

(5) 我才下午两点下课。

6 다음 중국어를 한국어로 옮겨 보세요.

(1) 我是到中国以后才开始吃中国菜的。

_____

(2) 你学英语多长时间了？

_____

(3) 你觉得学汉语什么最难？

_____

(4) 他没有不学的。

_____

(5) 我没见过熊猫。

_____

02

今天我请你吃午饭。

오늘은 제가 점심을 한턱낼게요.

✏️ 간체자 쓰기

午饭 wǔfàn 점심밥 (午飯)	ノ ト ヒ 午 ノ ゝ ヒ ゲ ゲ 饭 饭			
	午饭			
	wǔfàn			

改天 gǎitiān 다른 날, 다음에	フ フ コ 己 宁 改 改 一 二 チ 天			
	改天			
	gǎitiān			

一会儿 yíhuìr 곧, 금방, 잠깐, 잠시 (一會兒)	一 ノ 人 仌 仌 仌 会 会 ノ 儿			
	一会儿			
	yíhuìr			

要 yào ～해야 한다 ～하려고 하다	一 厂 厂 厂 西 西 覀 要 要 要			
	要			
	yào			

接 jiē 마중하다	一 扌 扌 扌 扩 扩 扩 护 按 接 接			
	接			
	jiē			

俩 liǎ 두 사람, 두 개 (倆)	ノ 亻 亻 仃 仃 俩 俩 俩 俩				
	俩				
	liǎ				

室友 shìyǒu 룸메이트	丶 丶 宀 宀 空 空 空 室 室 一 ナ 方 友				
	室友				
	shìyǒu				

关系 guānxi 관계 (關係)	丶 丷 亠 兰 关 关 一 丆 乏 玄 系 系 系				
	关系				
	guānxi				

肯定 kěndìng 확실히, 틀림없이	丨 丄 止 止 肯 肯 肯 肯 丶 丷 宀 宀 宁 宇 定 定				
	肯定				
	kěndìng				

兄弟 xiōngdì 형제	丨 冂 口 尸 兄 丶 丷 丷 坣 弟 弟 弟				
	兄弟				
	xiōngdì				

1 병음에 성조를 표시하고, 한자, 병음, 뜻을 모두 익힌 단어는 □에 체크하세요.

□ 午饭	wufan	명 점심밥
□ 早饭	zaofan	명 아침밥
□ 晚饭	wanfan	명 저녁밥
□ 还	hai	부 아직, 아직도, 여전히
□ 请	qing	동 초대하다, 부탁하다
□ 不好意思	bu haoyisi	부끄럽다, 미안하다
□ 改天	gaitian	부 다른 날, 다음에
□ 一会儿	yihuir	수량 곧, 금방
		수량 잠깐, 잠시
□ 要	yao	조동 ~해야 한다, ~하려고 하다
□ 火车站	huochezhan	명 기차역
□ 接	jie	동 마중하다
□ 哪里	nali	대 어디
□ 俩	lia	수량 두 사람, 두 개
□ 室友	shiyou	명 룸메이트
□ 关系	guanxi	명 관계
□ 肯定	kending	부 확실히, 틀림없이
□ 铁哥们儿	tiegemenr	명 절친
□ 兄弟	xiongdi	명 형제
□ 上海	Shanghai	고유 상하이

2 ⓐ는 중국어, ⓑ는 ⓐ의 병음입니다. 빈칸에 적절한 한자 혹은 병음을 써서 문장을 완성하세요.

(1) ⓐ 今天我(   )你吃晚饭。
   ⓑ Jīntiān wǒ qǐng nǐ (   ) wǎnfàn.

(2) ⓐ 改天请我(   )吧。
   ⓑ (   )tiān qǐng wǒ chī ba.

(3) ⓐ 我一会儿要去火车站(   )朋友。
   ⓑ Wǒ yíhuìr yào (   ) huǒchēzhàn jiē péngyou.

(4) ⓐ 我们(   )是室友。
   ⓑ Wǒmen liǎ shì (   )yǒu.

3 보기 에서 알맞은 단어를 찾아 괄호를 채우세요. (보기의 단어 중복 사용 불가)

보기	位　　接　　跟　　了　　请

(1) 他们就(   )兄弟一样。

(2) 我想(   )你喝咖啡。

(3) 你昨天去学校(   )没有?

(4) 他要去火车站(   )朋友。

(5) 那(   )先生是哪里人?

4 제시된 단어들을 어순에 맞게 배열하여 한국어를 중국어로 옮겨 보세요.

(1) 당신 친구는 어느 지역 출신입니까?

哪里 / 你 / 是 / 朋友 / 人

_____

(2) 그들은 어떻게 만났습니까?

的 / 怎么 / 他们 / 认识 / 是

_____

(3) 제가 당신에게 점심을 대접하겠습니다.

午饭 / 你 / 我 / 吃 / 请

_____

(4) 우리 다음에 옷 사러 갑시다.

吧 / 改天 / 衣服 / 我们 / 去 / 买

_____

(5) 저는 기차역에 친구를 마중하러 가야 합니다.

朋友 / 火车站 / 要 / 接 / 我 / 去

_____

5 틀린 곳을 올바르게 고쳐 보세요.

    (1)   他们俩个是朋友。

    (2)   他请我们没喝茶。

    (3)   昨天我去了火车站接朋友。

    (4)   你和你的女朋友怎么认识了？

    (5)   今天你吃早饭没有？

6 다음 중국어를 한국어로 옮겨 보세요.

    (1)   你是怎么知道的？

    _____

    (2)   他们俩肯定是中国人。

    _____

    (3)   明天我想请你们来我家。

    _____

    (4)   我一会儿要去上汉语课。

    _____

    (5)   今天有点儿忙，我们改天见吧。

    _____

03 她下个月就要结婚了。

그녀는 다음 달에 곧 결혼할 거예요.

✏️ 간체자 쓰기

得 děi ~해야 한다	′ ′ ′ ′ ′ ′ 们 但 但 得 得 得				
	得				
	děi				

结婚 jié//hūn 결혼하다 (結婚)	′ ′ ′ ′ ′ ′ 结 结 结 结 ′ ′ ′ ′ ′ ′ 婚 婚 婚 婚 婚				
	结婚				
	jié//hūn				

礼物 lǐwù 선물 (禮物)	′ ′ ′ ′ 礼 ′ ′ ′ ′ ′ 牤 物 物				
	礼物				
	lǐwù				

历史 lìshǐ 역사 (歷史)	′ 厂 万 历 ′ ′ 口 史 史				
	历史				
	lìshǐ				

寄 jì (우편으로) 부치다	′ ′ ′ ′ ′ ′ 寄 寄 寄 寄 寄				
	寄				
	jì				

包裹 bāoguǒ 소포	ノ 勹 勺 勺 包 一 亠 亠 亠 宀 宁 宣 軍 軍 裏 裏 裏 裏 裏			
	包裹			
	bāoguǒ			

筷子 kuàizi 젓가락	ノ 入 灬 灬 灬 灬 灬 灬 笙 笙 笙 笙 筷 ᄀ 了 子			
	筷子			
	kuàizi			

碗 wǎn 그릇	一 ア 丆 石 石 石 矿 矿 矿 碗 碗 碗 碗			
	碗			
	wǎn			

给 gěi (~에게 ~을) 주다 (給)	ノ 丝 丝 丝 纩 纩 给 给 给			
	给			
	gěi			

能 néng ~할 수 있다 ~할 가능성이 있다	ノ 厶 厃 育 育 育 育 能 能 能			
	能			
	néng			

1 병음에 성조를 표시하고, 한자, 병음, 뜻을 모두 익힌 단어는 □에 체크하세요.

□	得	dei	조동 ~해야 한다
□	结婚	jie//hun	동 결혼하다
□	礼物	liwu	명 선물
□	高中	gaozhong	명 고등학교
□	历史	lishi	명 역사
□	下	xia	명 다음
□	上	shang	명 지난
□	就要……了	jiuyao……le	곧 ~할 것이다
□	快要……了	kuaiyao……le	곧 ~할 것이다
□	女	nü	명 여자
□	还是	haishi	접 또는, 아니면
□	男	nan	명 남자
□	寄	ji	동 (우편으로) 부치다
□	包裹	baoguo	명 소포
□	服务员	fuwuyuan	명 종업원
□	里	li	명 속, 안
□	双	shuang	양 쌍
□	筷子	kuaizi	명 젓가락
□	碗	wan	명 그릇
□	付	fu	동 지불하다
□	给	gei	동 (~에게 ~을) 주다
□	天	tian	명 날, 일
□	能	neng	조동 ~할 수 있다, ~할 가능성이 있다
□	左右	zuoyou	명 가량, 내외

2 ⓐ는 중국어, ⓑ는 ⓐ의 병음입니다. 빈칸에 적절한 한자 혹은 병음을 써서 문장을 완성하세요.

(1) ⓐ 妈妈的生日明天就要(   )了。
　　ⓑ Māma (   ) shēngrì míngtiān jiùyào dào le.

(2) ⓐ 十二点了，我(   )去吃午饭了。
　　ⓑ Shí'èr (   ) le, wǒ děi qù chī wǔfàn le.

(3) ⓐ 我(   )妈妈买了一件生日礼物。
　　ⓑ Wǒ gěi māma mǎi le (   ) jiàn shēngrì lǐwù.

(4) ⓐ 那儿有一(   )筷子。
　　ⓑ (   ) yǒu yì shuāng kuàizi.

3 보기 에서 알맞은 단어를 찾아 괄호를 채우세요. (보기의 단어 중복 사용 불가)

보기	里　　能　　左右　　什么　　一点儿

(1) 学校(   )有邮局吗？

(2) 你们想吃(   )？ 我付钱。

(3) 这个包裹几天(   )到美国？

(4) 天气冷了，我得买几件厚(   )的衣服了。

(5) 周末想去长城的有二十个人(   )。

4 제시된 단어들을 어순에 맞게 배열하여 한국어를 중국어로 옮겨 보세요.

(1) 저는 결혼 선물을 하나 사야 합니다.

结婚 / 我 / 件 / 得 / 礼物 / 买 / 一

_____

(2) 여기 돈이요.

钱 / 你 / 给

_____

(3) 저는 소포를 하나 부치려고 합니다.

一 / 包裹 / 要 / 我 / 个 / 寄

_____

(4) 지금 그는 집에 있나요 아니면 학교에 있나요?

家 / 现在 / 还是 / 在 / 在 / 他 / 学校

_____

(5) 당신이 그에게 그릇을 하나 주세요.

吧 / 你 / 一 / 给 / 碗 / 他 / 个

_____

5 틀린 곳을 올바르게 고쳐 보세요.

(1) 我朋友下个月快要结婚了。

(2) 她是你姐姐还是是你妹妹？

(3) 我给一百块你。

(4) 他回来一个星期右左了。

(5) 他想给妈妈寄包裹一个。

6 다음 중국어를 한국어로 옮겨 보세요.

(1) 你想吃面条还是吃米饭？

_____

(2) 你们坐地铁去还是坐出租车去？

_____

(3) 我明天不能和你一起去买衣服。

_____

(4) 我们一共要付多少钱？

_____

(5) 这个包裹一个星期左右就能到韩国。

_____

04 清华大学离这儿远吗?

칭화대학은 여기에서 먼가요?

✏️ 간체자 쓰기

离 lí ~에서 (離)	丶 亠 亠 文 这 卤 卤 离 离 离				
	离				
	lí				

挺 tǐng 꽤, 매우	一 ナ 扌 打 扩 托 托 挺 挺				
	挺				
	tǐng				

近 jìn 가깝다	一 厂 斤 斤 斤 近 近				
	近				
	jìn				

趟 tàng 번, 차례	一 十 土 ≠ ≠ 未 走 走 赵 赵 赵 趟 趟 趟 趟				
	趟				
	tàng				

应该 yīnggāi (마땅히) ~해야 한다 (應該)	丶 亠 广 广 应 应 应 丶 讠 讠 讠 访 该 该 该				
	应该				
	yīnggāi				

附近
fùjìn
근처, 부근

ⁿ 阝 阝 阾 阰 附 附
一 厂 厂 斤 竹 近 近

附近				
fùjìn				

问
wèn
묻다
(問)

丶 冂 门 问 问 问

问				
wèn				

阿姨
āyí
아주머니

ⁿ 阝 阝 阿 阿 阿 阿
く 女 女 妒 妒 姼 婖 姨 姨

阿姨				
āyí				

走
zǒu
가다, 걷다

一 十 圡 キ 丰 走 走

走				
zǒu				

拐
guǎi
꺾다, 방향을 돌리다

一 扌 扌 扌 护 护 拐 拐

拐				
guǎi				

1 병음에 성조를 표시하고, 한자, 병음, 뜻을 모두 익힌 단어는 □에 체크하세요.

□	离	li	개 ~에서
□	听说	ting//shuo	동 듣자 하니
□	挺	ting	부 꽤, 매우
□	近	jin	형 가깝다
□	事(儿)	shi(r)	명 일
□	趟	tang	양 번, 차례
□	遍	bian	양 회, 번
□	应该	yinggai	조동 (마땅히) ~해야 한다, (분명히) ~일 것이다
□	附近	fujin	명 근처, 부근
□	问	wen	동 묻다
□	阿姨	ayi	명 아주머니
□	请问	qingwen	동 말씀 좀 여쭙겠습니다
□	走	zou	동 가다, 걷다
□	一直	yizhi	부 줄곧, 똑바로
□	往	wang	개 ~쪽으로
□	前	qian	명 앞
□	十字路口	shizi lukou	명 사거리, 교차로
□	左	zuo	명 왼쪽
□	右	you	명 오른쪽
□	拐	guai	동 꺾다, 방향을 돌리다
□	清华大学	Qinghua Daxue	고유 칭화대학
□	北京大学	Beijing Daxue	고유 베이징대학

2 ⓐ는 중국어, ⓑ는 ⓐ의 병음입니다. 빈칸에 적절한 한자 혹은 병음을 써서 문장을 완성하세요.

(1) ⓐ 那个商场(   )地铁站不远。
     ⓑ Nàge shāngchǎng lí dìtiězhàn bù (   ).

(2) ⓐ 听说学校(   )有邮局。
     ⓑ Tīng(   ) xuéxiào li yǒu yóujú.

(3) ⓐ 去首尔火车站怎么(   )？
     ⓑ Qù Shǒu'ěr huǒchē(   ) zěnme zǒu?

(4) ⓐ 请(   )，您贵姓？
     ⓑ Qǐngwèn, nín (   )xìng?

3 보기 에서 알맞은 단어를 찾아 괄호를 채우세요. (보기의 단어 중복 사용 불가)

보기	听说	往	走	挺	应该

(1) 到十字路口(   )左拐就是邮局。

(2) 从学校到他家(   )近的。

(3) 你说的商场(   )在这儿附近。

(4) 请问，去动物园怎么(   )？

(5) (   )那位阿姨还没结婚。

4 제시된 단어들을 어순에 맞게 배열하여 한국어를 중국어로 옮겨 보세요.

(1) 앞으로 쭉 가면 바로 우리 집이에요.

我家 / 往 / 一直 / 走 / 前 / 是 / 就

_____

(2) 그의 집은 학교에서 꽤 가깝습니다.

的 / 学校 / 他家 / 挺 / 离 / 近

_____

(3) 당신 어머니께 너무 감사드려요.

你 / 了 / 太 / 妈妈 / 谢谢

_____

(4) 커피 마실래요 안 마실래요?

咖啡 / 喝 / 不要 / 要

_____

(5) 듣자 하니 그녀의 언니는 매우 예쁘대요.

漂亮 / 姐姐 / 听说 / 很 / 她 /

_____

5 틀린 곳을 올바르게 고쳐 보세요.

(1) 他们听说俩是铁哥们儿。

(2) 我有事儿要去一个清华大学。

(3) 你真我的好朋友。

(4) 往前就是清华大学。

(5) 我家从学校不远。

6 다음 중국어를 한국어로 옮겨 보세요.

(1) 动物园应该就在这儿附近。

_____

(2) 听说他姐姐是汉语老师。

_____

(3) 到十字路口往左拐就是我们学校。

_____

(4) 他家离地铁站不远。

_____

(5) 请问，你的室友是哪里人？

_____

05 医生让我多休息。

의사 선생님이 저에게 많이 쉬라고 했어요.

✏️ 간체자 쓰기

迟到
chídào
지각하다
(遲到)

フ ヲ ㄕ ㄕ ʼ尺 识 迟
一 ㄥ 互 ㄡ 至 至 到 到

迟到			
chídào			

脸色
liǎnsè
안색
(臉色)

丿 刀 月 月 ㄘ 胧 朎 脸 脸 脸 脸
丿 ㄟ ㄅ ㄅ 各 色

脸色			
liǎnsè			

头
tóu
머리
(頭)

丶 ㄐ ㄓ 头 头

头			
tóu			

咳嗽
késou
기침, 기침하다

丨 冂 囗 口 口ʼ 广 吩 咳 咳 咳
丨 冂 囗 口 吖 吁 呻 咻 味 喽 嗽 嗽 嗽

咳嗽			
késou			

感冒
gǎnmào
감기, 감기에 걸리다

一 厂 厂 厂 厈 咸 咸 咸 咸 感 感 感
丨 冂 冂 冃 冃 冒 冒 冒 冒

感冒			
gǎnmào			

医院 yīyuàn 병원 (醫院)	一 厂 厂 三 至 医 医 了 阝 阝 阝 阡 阼 陀 陀 院 院			
	医院			
	yīyuàn			

让 ràng ~에게 ~하게 하다 (讓)	丶 讠 讠 计 让			
	让			
	ràng			

休息 xiūxi 쉬다	丿 亻 仁 什 休 休 丶 亻 宀 白 自 自 息 息 息 息			
	休息			
	xiūxi			

打针 dǎ//zhēn 주사를 놓다 (打針)	一 十 扌 扩 打 丿 亼 左 钅 钅 钅 针			
	打针			
	dǎ//zhēn			

药 yào 약 (藥)	一 艹 艹 艻 茓 茓 莛 药 药			
	药			
	yào			

1 병음에 성조를 표시하고, 한자, 병음, 뜻을 모두 익힌 단어는 □에 체크하세요.

☐	对不起	duibuqi	통 미안하다
☐	迟到	chidao	통 지각하다
☐	没事儿	mei//shir	통 괜찮다
☐	脸色	lianse	명 안색
☐	头	tou	명 머리
☐	疼	teng	통 아프다
☐	咳嗽	kesou	명 기침 통 기침하다
☐	可能	keneng	부 아마도 (~일 것이다)
☐	感冒	ganmao	명 감기 통 감기에 걸리다
☐	医院	yiyuan	명 병원
☐	看病	kan//bing	통 진료를 받다
☐	完	wan	통 마치다, 끝나다
☐	再	zai	부 ~하고 나서, 다음에
☐	医生	yisheng	명 의사
☐	不要紧	buyaojin	형 괜찮다, 대수롭지 않다
☐	让	rang	통 ~에게 ~하게 하다
☐	水	shui	명 물
☐	休息	xiuxi	통 쉬다
☐	打针	da//zhen	통 주사를 놓다
☐	打	da	통 (주사 등을) 놓다, (어떤 동작을) 하다
☐	药	yao	명 약

2 ⓐ는 중국어, ⓑ는 ⓐ의 병음입니다. 빈칸에 적절한 한자 혹은 병음을 써서 문장을 완성하세요.

(1) ⓐ 你弟弟今天迟(　　　　　)了没有?

　　ⓑ Nǐ dìdi jīntiān (　　　　　)dào le méiyǒu?

(2) ⓐ 我(　　　　　)疼，还咳嗽，可能感冒了。

　　ⓑ Wǒ tóu téng, (　　　　　) késou, kěnéng gǎnmào le.

(3) ⓐ 咳嗽好(　　　　　)了吗?

　　ⓑ (　　　　　)sou hǎo diǎnr le ma?

(4) ⓐ 我想上(　　　　　)课再去。

　　ⓑ Wǒ (　　　　　) shàngwán kè zài qù.

3 보기 에서 알맞은 단어를 찾아 괄호를 채우세요. (보기의 단어 중복 사용 불가)

보기	多	看	再	让	就

(1) 妈妈(　　　　　)我多穿衣服。

(2) 休息一会儿(　　　　　)好了。

(3) 弟弟感冒好(　　　　　)了。

(4) 我们吃完饭(　　　　　)学习吧。

(5) 他一会儿要去医院(　　　　　)病。

4 제시된 단어들을 어순에 맞게 배열하여 한국어를 중국어로 옮겨 보세요.

(1) 잠시 앉아 있으면 좋아질 겁니다.

好 / 坐 / 了 / 就 / 一会儿

_____

(2) 의사 선생님이 괜찮대요.

说 / 医生 / 不要紧

_____

(3) 선생님이 제게 중국어를 많이 말하라고 하십니다.

汉语 / 让 / 多 / 老师 / 我 / 说

_____

(4) 저는 주사도 맞아야 합니까?

打针 / 吗 / 还 / 我 / 要

_____

(5) 그는 안색이 별로 안 좋아요.

不 / 他 / 好 / 脸色 / 太

_____

5 틀린 곳을 올바르게 고쳐 보세요.

(1) 一会儿休息就好了。

(2) 头疼有点儿好了吗？

(3) 医生怎么说吗？

(4) 老师请我写汉字。

(5) 我爸爸很忙工作。

6 다음 중국어를 한국어로 옮겨 보세요.

(1) 他想打完电话再走。

_____

(2) 妈妈让我给她发短信。

_____

(3) 他感冒还没好吗？

_____

(4) 我下午要去医院看病。

_____

(5) 她脸色好多了。

_____

你会游泳吗?

당신은 수영할 수 있어요?

✏️ 간체자 쓰기

会 huì ~할 줄 알다 (會)	ノ 人 亼 슦 숲 会				
	会				
	huì				

游泳 yóuyǒng 수영하다, 헤엄치다	﹅ ﹅ 氵 汸 汸 汸 浒 游 游 游 游 ﹅ ﹅ 氵 氵 汀 汩 汞 泳 泳				
	游泳				
	yóuyǒng				

小时 xiǎoshí 시간 (小時)	﹅ 小 小 丨 刀 日 日 旷 时 时				
	小时				
	xiǎoshí				

次 cì 번, 회	﹅ 冫 冫 次 次 次				
	次				
	cì				

当然 dāngrán 당연히, 물론 (當然)	﹅ 丷 半 半 当 ノ 勹 夕 夕 タ 妖 妖 妖 然 然 然 然				
	当然				
	dāngrán				

电视 diànshì 텔레비전, TV (電視)	丨 冂 日 日 电 丶 ㇇ 礻 礻 礼 礼 视 视				
	电视				
	diànshì				

最后 zuìhòu 최후, 마지막 (最後)	丨 冂 日 日 旦 早 早 早 早 早 最 最 一 厂 户 斤 后 后				
	最后				
	zuìhòu				

集 jí 편, 회	丿 亻 亻 亻 亻 亻 亻 隹 隹 隹 隹 集				
	集				
	jí				

到底 dàodǐ 도대체	一 工 五 五 至 至 到 到 丶 亠 广 广 庀 庀 底 底				
	到底				
	dàodǐ				

作业 zuòyè 숙제, 과제 (作業)	丿 亻 亻 亻 作 作 作 丨 丨丨 丨丨 业 业				
	作业				
	zuòyè				

1 병음에 성조를 표시하고, 한자, 병음, 뜻을 모두 익힌 단어는 □에 체크하세요.

□	会	hui	조동 ~할 줄 알다, ~할 수 있다
□	游泳	you//yong	동 수영하다, 헤엄치다
□	呀	ya	조 '啊'의 발음 변이형 어기조사
□	啊	a	조 어투를 부드럽게 하는 어기조사
□	游	you	동 수영하다, 헤엄치다
□	小时	xiaoshi	명 시간[시간의 길이]
□	分钟	fenzhong	명 분[시간의 길이]
□	每天	mei tian	명 매일
□	天天	tiantian	명 매일
□	每年	mei nian	명 매년, 매해
□	次	ci	양 번, 회
□	当然	dangran	부 당연히, 물론
□	怎么	zenme	대 (불만 표시의) 왜, 어째서
□	电视	dianshi	명 텔레비전, TV
□	电影	dianying	명 영화
□	最后	zuihou	명 최후, 마지막
□	集	ji	양 편, 회
□	到底	daodi	부 도대체
□	作业	zuoye	명 숙제, 과제
□	做作业	zuo zuoye	숙제를 하다

2 ⓐ는 중국어, ⓑ는 ⓐ의 병음입니다. 빈칸에 적절한 한자 혹은 병음을 써서 문장을 완성하세요.

(1) ⓐ 我不(　　　)游泳。
　　ⓑ Wǒ bú huì yóu(　　　).

(2) ⓐ 你(　　　)天看电视看几个小时?
　　ⓑ Nǐ měi tiān kàn diànshì kàn jǐ ge (　　　)shí?

(3) ⓐ 你(　　　)作业了没有?
　　ⓑ Nǐ zuò zuòyè le méi(　　　)?

(4) ⓐ 我(　　　)看半个小时就去做作业。
　　ⓑ Wǒ zài kàn bàn ge xiǎoshí jiù qù (　　　) zuòyè.

3 보기 에서 알맞은 단어를 찾아 괄호를 채우세요. (보기의 단어 중복 사용 불가)

보기	了　吃　也　能　次

(1) 今天他们(　　　)午饭吃了五十分钟。

(2) 我一个星期上两(　　　)汉语课。

(3) 弟弟做作业做(　　　)一个小时了。

(4) 我没学过游泳，不(　　　)教你。

(5) 他哥哥(　　　)看电影了。

4 제시된 단어들을 어순에 맞게 배열하여 한국어를 중국어로 옮겨 보세요.

(1) 저는 일주일에 수영을 세 번 합니다.

三 / 一 / 我 / 个 / 次 / 星期 / 游

_____

(2) 당신은 왜 아직도 숙제를 하고 있습니까?

做 / 怎么 / 你 / 在 / 还 / 作业 / 呢

_____

(3) 저는 중국어를 (말)할 줄 모릅니다.

不 / 汉语 / 我 / 说 / 会

_____

(4) 저는 수영을 배우고 싶습니다.

游泳 / 想 / 学 / 我

_____

(5) 저는 수영을 배운 적이 없습니다.

游泳 / 过 / 没 / 我 / 学

_____

5 틀린 곳을 올바르게 고쳐 보세요.

(1) 你能给我教游泳吗?

(2) 我看了电视两个小时了。

(3) 你怎么在还看电视呢?

(4) 我一个星期吃面条两次。

(5) 我还看十分钟就去做作业。

6 다음 중국어를 한국어로 옮겨 보세요.

(1) 我一个月看一次电影。

_____

(2) 他天天都吃面条。

_____

(3) 我妹妹做作业做了一个小时了。

_____

(4) 你弟弟会不会说英语?

_____

(5) 我坐地铁坐了三十分钟了。

_____

07 今天的晚饭吃得很饱。

오늘 저녁밥은 배부르게 먹었어요.

✏️▶ 간체자 쓰기

开 kāi 열다, 개업하다 （開）	一 二 于 开				
	开				
	kāi				

饭馆儿 fànguǎnr 식당, 레스토랑 （飯館兒）	ノ ケ と ゲ ゲ 饭饭 ノ ケ と ゲ ゲ ゲ ゲ 饤 馆 馆 馆 丿 儿				
	饭馆儿				
	fànguǎnr				

火锅 huǒguō 훠궈 （火鍋）	ヽ ヽ 少 火 ノ ト ヒ ヒ 钅 钅 钌 钌 钌 锅 锅				
	火锅				
	huǒguō				

尝 cháng 맛보다 （嘗）	丨 丷 丬 兴 兴 兴 尝 尝				
	尝				
	cháng				

周末 zhōumò 주말	丿 冂 月 門 閇 周 周 周 一 二 キ 未 末				
	周末				
	zhōumò				

饱 bǎo 배부르다 (飽)	ノ ⺈ ⺈ ⻆ 饣 饣 饣 饣 饱				
	饱				
	bǎo				

菜 cài 요리	一 艹 艹 艹 艹 艹 苧 苧 莖 莩 莩 菜				
	菜				
	cài				

便宜 piányi 싸다	ノ ィ ィ 佢 佢 伂 便 便 丶 丶 宀 宀 宀 宐 宜 宜				
	便宜				
	piányi				

棒 bàng 훌륭하다	一 十 オ 木 朾 杧 栌 楱 棒 棒 棒 棒				
	棒				
	bàng				

热情 rèqíng 친절하다 (熱情)	一 十 扌 扮 执 执 热 热 热 热 丶 丶 忄 忄 忄 忄 情 情 情 情 情				
	热情				
	rèqíng				

1 병음에 성조를 표시하고, 한자, 병음, 뜻을 모두 익힌 단어는 ☐에 체크하세요.

☐ 前边　　　qianbian　　　몡 앞(쪽)

☐ 开　　　　kai　　　　　동 열다, 개업하다

☐ 家　　　　jia　　　　　양 집

☐ 饭馆儿　　fanguanr　　　몡 식당, 레스토랑

☐ 必　　　　bi　　　　　　뷔 반드시

☐ 火锅　　　huoguo　　　몡 훠궈

☐ 咱们　　　zanmen　　　대 우리

☐ 尝　　　　chang　　　　동 맛보다

☐ 周末　　　zhoumo　　　몡 주말

☐ 一言为定　yi yan wei ding　한마디로 결정하다

☐ 得　　　　de　　　　　　조 동사나 형용사의 뒤에 쓰여서
　　　　　　　　　　　　　　　 보어를 연결하는 조사

☐ 饱　　　　bao　　　　　형 배부르다

☐ 菜　　　　cai　　　　　몡 요리

☐ 又……又……　you……you……　~하기도 하고 ~하기도 하다

☐ 便宜　　　pianyi　　　　형 싸다

☐ 好吃　　　haochi　　　　형 맛있다

☐ 棒　　　　bang　　　　　형 훌륭하다

☐ 极了　　　jile　　　　　극히, 몹시, 대단히

☐ 不但……而且……　budan……erqie……　~뿐만 아니라 게다가~

☐ 热情　　　reqing　　　　형 친절하다

☐ 别的　　　biede　　　　몡 다른 것

☐ 周六　　　zhouliu　　　몡 토요일

2 ⓐ는 중국어, ⓑ는 ⓐ의 병음입니다. 빈칸에 적절한 한자 혹은 병음을 써서 문장을 완성하세요.

(1) ⓐ 学校前边新(　　　　　)了一家饭馆儿。
　　ⓑ Xuéxiào qiánbian xīn kāile yì (　　　　　) fànguǎnr.

(2) ⓐ 今天的晚饭(　　　　　)得很饱。
　　ⓑ Jīntiān de wǎnfàn chī de hěn (　　　　　).

(3) ⓐ 咱们什么时候(　　　　　)尝尝吧。
　　ⓑ (　　　　　)men shénme shíhou qù chángchang ba.

(4) ⓐ 不但菜很(　　　　　)吃，而且服务员也很热情。
　　ⓑ Búdàn cài hěn hǎochǐ, érqiě fúwùyuán yě hěn (　　　　　)qíng.

3 보기 에서 알맞은 단어를 찾아 괄호를 채우세요. (보기의 단어 중복 사용 불가)

보기	家　　得　　听　　再　　过

(1) 我朋友写汉字写(　　　　　)很好。

(2) 我(　　　　　)朋友说那家饭馆儿的菜很好吃。

(3) 明天我想(　　　　　)来这家吃火锅。

(4) 你尝(　　　　　)玛丽做的菜吗？

(5) 那(　　　　　)商店是最近新开的。

4 제시된 단어들을 어순에 맞게 배열하여 한국어를 중국어로 옮겨 보세요.

(1) 우리 엄마가 만든 요리는 맛있습니다.

好吃 / 我 / 菜 / 的 / 妈妈 / 很 / 做

_____

(2) 이번 주말에 우리는 왕 선생님 댁에 갑니다.

周末 / 家 / 个 / 王老师 / 这 / 去 / 我们

_____

(3) 저는 이 식당의 훠궈를 한번 맛보고 싶습니다.

尝尝 / 火锅 / 饭馆儿 / 我 / 的 / 家 / 想 / 这

_____

(4) 왼쪽이 바로 그의 집입니다.

他 / 左边 / 家 / 是 / 就

_____

(5) 저도 그렇습니다.

是 / 我 / 也

_____

5 틀린 곳을 올바르게 고쳐 보세요.

(1) 他妈妈做菜得太棒了。

(2) 他写汉字写的很漂亮。

(3) 那家饭馆儿的菜又很便宜又很好吃。

(4) 你不喝咖啡，咱们也不喝咖啡。

(5) 不但他会说汉语，而且也会说日语。

6 다음 중국어를 한국어로 옮겨 보세요.

(1) 他汉语说得很好。

_____

(2) 他汉字写得好不好？

_____

(3) 他不但喜欢吃中国菜，而且喜欢做中国菜。

_____

(4) 不但他妈妈会做中国菜，而且他爸爸也会做中国菜。

_____

(5) 那家的菜又贵又不好吃。

_____

你不是不爱运动吗?

당신은 운동하는 걸 안 좋아하지 않나요?

✏️ 간체자 쓰기

决定 juédìng 결정하다 (決定)	、 シ ン 沪 决决 、 ヽ 宀 宀 宁 定定 决定 juédìng			

跑步 pǎo//bù 달리기하다 조깅을 하다	丨 口 口 口 且 別 別 趵 跑 跑 跑 丨 ㅏ 止 屮 屮 步 跑步 pǎo//bù			

运动 yùndòng 운동하다 (運動)	一 ニ テ 云 运 运 运 一 ニ テ 云 动 动 运动 yùndòng			

锻炼 duànliàn 단련하다 (鍛煉)	ノ ノ ヒ ち 钅 钊 钉 钎 锃 锃 锻 锻 锻 锻 锻 、 ソ ナ 火 炉 炉 炉 炼 炼 锻炼 duànliàn			

出发 chūfā 출발하다 (出發)	ㄴ ㅛ 屮 出 出 一 ナ 步 发 发 出发 chūfā			

累 lèi 지치다, 피곤하다	丨 冂 冂 田 田 甲 晃 晃 累 累 累 累				
	累				
	lèi				

帮 bāng 돕다 (幇)	一 二 三 丰 丰⻖ 邦 邦 帮 帮				
	帮				
	bāng				

饮料 yǐnliào 음료 (飲料)	丿 𠂉 饣 饣 饮 饮 饮 ﹅ ⸍ ⸍ 半 半 米 米 米 料 料				
	饮料				
	yǐnliào				

减肥 jiǎn//féi 다이어트를 하다 (減肥)	丶 冫 冫 氵 汀 沅 沅 減 減 減 丿 刀 月 月 肝 肝 肥 肥				
	减肥				
	jiǎn//féi				

容易 róngyì ～하기 쉽다	丶 宀 宀 宀 宊 宊 突 突 容 容 丨 冂 日 日 尸 尸 易 易				
	容易				
	róngyì				

1 병음에 성조를 표시하고, 한자, 병음, 뜻을 모두 익힌 단어는 □에 체크하세요.

☐	决定	jueding	동 결정하다
☐	跑步	pao//bu	동 달리기하다, 조깅을 하다
☐	爱	ai	동 ~하기를 좋아하다, 즐기다
☐	运动	yundong	동 운동하다
☐	胖	pang	형 뚱뚱하다
☐	公斤	gongjin	양 킬로그램(kg)
☐	肚子	duzi	명 배[신체]
☐	锻炼	duanlian	동 단련하다
☐	早上	zaoshang	명 아침
☐	门口	menkou	명 입구
☐	见面	jian//mian	동 만나다
☐	出发	chufa	동 출발하다
☐	累	lei	형 지치다, 피곤하다
☐	跑	pao	동 뛰다, 달리다
☐	动	dong	동 움직이다
☐	帮	bang	동 돕다
☐	瓶	ping	양 병
☐	饮料	yinliao	명 음료
☐	减肥	jian//fei	동 다이어트를 하다
☐	容易	rongyi	형 ~하기 쉽다
☐	长胖	zhangpang	동 살찌다

2 ⓐ는 중국어, ⓑ는 ⓐ의 병음입니다. 빈칸에 적절한 한자 혹은 병음을 써서 문장을 완성하세요.

(1) ⓐ 最近我胖了两(   )斤。
    ⓑ Zuìjìn wǒ (   )le liǎng gōngjīn.

(2) ⓐ 我累了，跑(   )动了。
    ⓑ Wǒ (   ) le, pǎo bu dòng le.

(3) ⓐ 我去(   )你买瓶饮料。
    ⓑ Wǒ qù bāng nǐ mǎi (   ) yǐnliào.

(4) ⓐ 喝饮料容易(   )胖。
    ⓑ Hē (   )liào róngyì zhǎngpàng.

3 보기 에서 알맞은 단어를 찾아 괄호를 채우세요. (보기의 단어 중복 사용 불가)

| 보기 | 就 | 一会儿 | 都 | 从 | 不 |

(1) 咱们吃了饭(   )去看电影吧。

(2) 我爷爷每天早上(   )去锻炼身体。

(3) 我决定(   )今天开始减肥。

(4) 吃得太饱了，我走(   )动了。

(5) 休息(   )就好了。

4 제시된 단어들을 어순에 맞게 배열하여 한국어를 중국어로 옮겨 보세요.

(1) 음료를 마시면 살찌기 쉽습니다.

容易 / 喝 / 长胖 / 饮料

_____

(2) 앞으로는 음료도 마실 수 없게 됐습니다.

了 / 以后 / 也 / 喝 / 能 / 不 / 饮料

_____

(3) 그도 운동을 좀 해야 합니다.

运动 / 他 / 得 / 也 / 运动

_____

(4) 저는 밥을 먹은 다음에 바로 숙제할 겁니다.

了 / 作业 / 饭 / 我 / 吃 / 做 / 就

_____

(5) 어제 저는 밥을 먹고 나서 바로 숙제했습니다.

了 / 了 / 作业 / 饭 / 我 / 吃 / 做 / 就 / 昨天

_____

틀린 곳을 올바르게 고쳐 보세요.

(1) 咱们在校门口见面了就出发吧。

(2) 他是在美国来的。

(3) 咱们休息一点儿吧。

(4) 我太累了，不跑动了。

(5) 他不你朋友吗?

6 다음 중국어를 한국어로 옮겨 보세요.

(1) 今天的作业太多了，一个小时做不完。

_____

(2) 他不是中国人吗? 怎么不会写汉字呢?

_____

(3) 你现在跑得动跑不动?

_____

(4) 我怎么也写不好汉字。

_____

(5) 他每天都去公园锻炼身体。

_____

단어 公园 gōngyuán 명 공원

09

吓我一跳!

나 깜짝 놀랐어!

✏️ 간체자 쓰기

盒 hé 갑	ノ 人 合 合 合 合 合 盒 盒 盒			
	盒			
	hé			

牛奶 niúnǎi 우유	ノ ㇒ ㇒ 牛 ㇈ 女 女 奶 奶			
	牛奶			
	niúnǎi			

已经 yǐjīng 이미, 벌써 (已經)	㇆ ㇆ 已 ㇈ ㇈ ㇈ 纟 纟 经 经 经 经			
	已经			
	yǐjīng			

过期 guò//qī 기일이 지나다 (過期)	一 寸 寸 寸 过 过 一 十 卄 벋 벋 甚 其 其 期 期 期 期			
	过期			
	guò//qī			

扔掉 rēngdiào 내버리다	一 寸 扌 扔 扔 一 寸 扌 扩 扩 扩 拊 挡 掉 掉 掉			
	扔掉			
	rēngdiào			

商量 shāngliang 상의하다	丶 宀 宀 宀 芦 芦 商 商 商 商 丨 口 日 旦 早 昌 昌 昌 量 量 量			
	商量			
	shāngliang			

放假 fàng//jià 방학하다	丶 亠 方 方 方 放 放 丿 亻 亻 亻 化 伊 俨 俨 俨 假 假			
	放假			
	fàng//jià			

留 liú 머무르다	丶 𠂉 𠂉 留 留 留 留 留 留 留			
	留			
	liú			

设计 shèjì 설계하다 (設計)	丶 讠 讠 讥 设 设 丶 讠 讠 计			
	设计			
	shèjì			

放心 fàng//xīn 안심하다	丶 亠 方 方 方 放 放 丿 心 心 心			
	放心			
	fàng//xīn			

1 병음에 성조를 표시하고, 한자, 병음, 뜻을 모두 익힌 단어는 □에 체크하세요.

□ 盒	he	양 갑
□ 牛奶	niunai	명 우유
□ 行	xing	형 좋다, 괜찮다
□ 别	bie	부 ~하지 마라
□ 吓	xia	동 놀라다
□ 跳	tiao	동 튀어 오르다, 점프하다
□ 已经	yijing	부 이미, 벌써
□ 过期	guo//qi	동 기일이 지나다
□ 坏	huai	형 상하다, 고장 나다
□ 放	fang	동 두다, 놓다
□ 桌子	zhuozi	명 책상, 테이블
□ 刚	gang	부 방금, 마침
□ 扔掉	rengdiao	동 내버리다
□ 商量	shangliang	동 상의하다
□ 放假	fang//jia	동 방학하다, 휴가로 쉬다
□ 留	liu	동 머무르다
□ 周游	zhouyou	동 두루두루 돌아다니다
□ 设计	sheji	동 설계하다
□ 一下(儿)	yixia(r)	수량 한번 ~좀 해 보다
□ 旅游路线	lüyou luxian	여행 코스
□ 放心	fang//xin	동 안심하다
□ 对……来说	dui……lai shuo	~에게 있어서
□ 小菜一碟	xiaocai yi die	식은 죽 먹기
□ 北京	Beijing	고유 베이징

2 ⓐ는 중국어, ⓑ는 ⓐ의 병음입니다. 빈칸에 적절한 한자 혹은 병음을 써서 문장을 완성하세요.

(1) ⓐ (   )我一跳。

ⓑ Xià wǒ yí (   ).

(2) ⓐ 已经过期了，(   )了。

ⓑ Yǐjīng (   )qī le, huài le.

(3) ⓐ 我刚想扔(   )，你就来了。

ⓑ Wǒ (   ) xiǎng rēngdiào, nǐ jiù lái le.

(4) ⓐ 对我来说小菜一(   )。

ⓑ (   ) wǒ lái shuō xiǎocài yì dié.

3 보기 에서 알맞은 단어를 찾아 괄호를 채우세요. (보기의 단어 중복 사용 불가)

보기	对	盒	别	和	在

(1) 这(   )牛奶是谁的?

(2) 你的作业放(   )桌子上吧。

(3) 这件事儿(   )他来说很容易。

(4) 我想(   )您商量一件事儿。

(5) 上课了，(   )说话了。

4 제시된 단어들을 어순에 맞게 배열하여 한국어를 중국어로 옮겨 보세요.

(1) 제가 방금 당신에게 전화를 드리려고 했습니다.

刚 / 打 / 我 / 要 / 电话 / 你 / 给

_____

(2) 그는 이미 베이징에 갔습니다.

北京 / 已经 / 他 / 去 / 了

_____

(3) 그의 핸드폰이 고장 났습니다.

的 / 坏 / 手机 / 了 / 他

_____

(4) 방학한 후에, 저는 베이징에 남을 겁니다.

以后 / 我 / 放假 / 留 / 北京 / 在 / 要

_____

(5) 저에게는 식은 죽 먹기입니다.

小菜一碟 / 我 / 来说 / 对

_____

5 틀린 곳을 올바르게 고쳐 보세요.

(1) 饭快要好! 别喝饮料!

(2) 他妹妹二十岁了，已经读大学。

(3) 老师在教室上。

(4) 吓一跳我。

(5) 我想给老师商量商量。

6 다음 중국어를 한국어로 옮겨 보세요.

(1) 对我来说小菜一碟。

_____

(2) 已经十二点了。

_____

(3) 那个放在桌子上吧。

_____

(4) 我要留在学校。

_____

(5) 你放心。

_____

我把作业忘在宿舍了。

숙제를 깜빡하고 기숙사에 뒀어요.

✏️ 간체자 쓰기

糟糕 zāogāo 야단났다, 아뿔싸, 아차	丶 丷 丬 半 米 米 米 米 米 料 粕 糟 糟 糟 糟 糟 糟 丶 丷 丬 半 米 米 米 米 米 糕 栏 样 样 糕 糕 糕			
	糟糕			
	zāogāo			

进 jìn (안으로) 들다 (進)	一 二 丰 井 井 讲 进			
	进			
	jìn			

教室 jiàoshì 교실	一 十 土 耂 耂 孝 孝 孝 教 教 教 丶 丷 宀 宀 宁 空 空 空 室 室			
	教室			
	jiàoshì			

忘 wàng 잊다, 깜빡하다	丶 亠 亡 忘 忘 忘 忘			
	忘			
	wàng			

拿 ná 가지다, (손으로) 들다	人 人 合 合 合 合 合 拿 拿 拿 拿			
	拿			
	ná			

及时 jíshí 제때에, 적시에 (及時)	ノ 乃 及 丨 冂 冂 日 日 旷 时 时				
	及时				
	jíshí				

总是 zǒngshì 늘, 줄곧 (總是)	` ` 丷 丷 产 当 兰 总 总 总 丨 冂 冂 日 且 旦 早 早 是 是				
	总是				
	zǒngshì				

怪 guài 책망하다	` ` 忄 忄 怀 怀 怿 怪 怪				
	怪				
	guài				

连续 liánxù 연속하다 (連續)	一 左 左 车 车 连 连 ` 纟 纟 纟 纟 纩 绯 绣 绣 续 续				
	连续				
	liánxù				

熬夜 áo//yè 밤을 새다	一 二 圭 圭 考 考 赘 敖 敖 敖 熬 熬				
	` 亠 广 广 疒 夜 夜 夜				
	熬夜				
	áo//yè				

1 병음에 성조를 표시하고, 한자, 병음, 뜻을 모두 익힌 단어는 □에 체크하세요.

☐ 糟糕	zaogao	혱	야단났다, 아뿔싸, 아차
☐ 进	jin	동	(안으로) 들다
☐ 教室	jiaoshi	명	교실
☐ 把	ba	개	~을/를
☐ 忘	wang	동	잊다, 깜빡하다
☐ 快	kuai	부 빨리 혱 빠르다
☐ 拿	na	동	가지다, (손으로) 들다
☐ 来不及	laibuji	동	손쓸 틈이 없다, 미치지 못하다
☐ 来得及	laideji	동	늦지 않다
☐ 差点儿	chadianr	부	하마터면 (~할 뻔하다)
☐ 及时	jishi	부	제때에, 적시에
☐ 交	jiao	동	제출하다
☐ 总是	zongshi	부	늘, 줄곧
☐ 丢三落四	diū sān là sì		이것저것 잘 잊어버리다
☐ 怪	guai	동	책망하다
☐ 为什么	weishenme	대	왜, 어째서
☐ 因为	yinwei	접	~때문에
☐ 世界杯(足球赛)	shijiebei (zuqiusai)	명	월드컵 (축구 경기)
☐ 所以	suoyi	접	그래서
☐ 连续	lianxu	동	연속하다
☐ 熬夜	ao//ye	동	밤을 새다

2 ⓐ는 중국어, ⓑ는 ⓐ의 병음입니다. 빈칸에 적절한 한자 혹은 병음을 써서 문장을 완성하세요.

(1) ⓐ 你不(   )教室去吗?

ⓑ Nǐ bú jìn jiàoshì (   ) ma?

(2) ⓐ 离上课时间还有半(   )小时呢。

ⓑ (   ) shàngkè shíjiān hái yǒu bàn ge xiǎoshí ne.

(3) ⓐ 我差(   )迟到了。

ⓑ Wǒ (   )diǎnr chídào le.

(4) ⓐ 这也不(   )怪我。

ⓑ Zhè (   ) bù néng guài wǒ.

3 보기 에서 알맞은 단어를 찾아 괄호를 채우세요. (보기의 단어 중복 사용 불가)

보기	得	怎么	在	了	离

(1) 我把汉语书忘(   )家里了。

(2) 已经十点(   ),你看,还来得及吗?

(3) (   )火车出发还有四十分钟。

(4) 你最近(   )总是迟到呢?

(5) 因为今天天气冷,所以他穿(   )很厚。

4 제시된 단어들을 어순에 맞게 배열하여 한국어를 중국어로 옮겨 보세요.

(1) 당신은 왜 교실에 안 들어갑니까?

进 / 怎么 / 去 / 教室 / 你 / 不

_____

(2) 저는 숙제를 깜박하고 집에 뒀습니다.

把 / 我 / 家里 / 作业 / 忘 / 了 / 在

_____

(3) 지금 얼른 집에 가서 갖고 오세요.

现在 / 吧 / 回 / 快 / 去 / 拿 / 家

_____

(4) 방학까지 아직 두 달 남았습니다.

两 / 放假 / 个 / 还 / 离 / 有 / 月

_____

(5) 핸드폰이 하마터면 고장 날 뻔 했습니다.

手机 / 坏 / 差点儿 / 了

_____

5 틀린 곳을 올바르게 고쳐 보세요.

(1) 下课以后，我得回去宿舍。

(2) 你快进来教室。

(3) 到上课时间还有五分钟。

(4) 今天晚上我把作业能做完。

(5) 他把牛奶没放在桌子上。

6 다음 중국어를 한국어로 옮겨 보세요.

(1) 我今天差点儿迟到了。

_____

(2) 他今天没有及时交作业。

_____

(3) 你别怪我没有告诉你。

_____

(4) 你别怪他没有拿书来。

_____

(5) 她今天忘拿作业了。

_____

단어 告诉 gàosu 통 알리다, 알려 주다

我比他矮五厘米。

나는 그보다 5cm 작아요.

✏️ 간체자 쓰기

高 gāo 높다, (키가) 크다	丶 亠 亠 亠 亨 亨 高 高 高 高			
	高			
	gāo			

比 bǐ ~보다	一 ト ト゛ 比			
	比			
	bǐ			

矮 ǎi (키가) 작다	丿 ⺧ ⺧ 午 矢 矢 矢 矫 矫 矫 矮 矮 矮			
	矮			
	ǎi			

踢 tī (발로) 차다	丨 ⼝ ⼝ 𫟹 𫟹 足 足 趵 趵 踢 踢 踢 踢 踢 踢			
	踢			
	tī			

足球 zúqiú 축구	丨 ⼝ ⼝ 𫟹 𫟹 足 足 一 二 丅 王 王 玑 玗 玨 球 球 球			
	足球			
	zúqiú			

腿 tuǐ 다리	丿 刀 月 月 月¬ 月ヿ 月ヨ 肥 胆 腿 腿 腿 腿				
	腿				
	tuǐ				

被 bèi (～에게) ～당하다	` ⁊ ⁊ ⁊ ⁊ 衤 衤 衤 被 被				
	被				
	bèi				

撞 zhuàng 부딪치다	一 十 扌 扩 扩 扩 扩 扩 护 护 撞 撞 撞 撞				
	撞				
	zhuàng				

倒 dǎo 넘어지다	丿 亻 亻 仵 仵 仵 侄 侄 倒 倒				
	倒				
	dǎo				

注意 zhù//yì 주의하다, 조심하다	` ` ⁊ ⁊ 浐 浐 注 注 ` ㇗ ㇗ ㇗ 产 产 产 音 音 音 音 意 意 意				
	注意				
	zhù//yì				

1 병음에 성조를 표시하고, 한자, 병음, 뜻을 모두 익힌 단어는 □에 체크하세요.

□	有	you	통 ~만큼 되다
□	那么	name	대 그렇게, 저렇게
□	高	gao	형 높다, (키가) 크다
□	比	bi	개 ~보다
□	矮	ai	형 (키가) 작다
□	厘米	limi	양 센티미터(cm)
□	个子	gezi	명 키
□	米	mi	양 미터(m)
□	打	da	통 (손을 사용하는 구기 종목을) 치다, 하다
□	网球	wangqiu	명 테니스
□	少	shao	형 적다
□	踢	ti	통 (발로) 차다
□	足球	zuqiu	명 축구
□	腿	tui	명 다리
□	刚才	gangcai	명 방금
□	被	bei	개 (~에게) ~당하다
□	自行车	zixingche	명 자전거
□	撞	zhuang	통 부딪치다
□	倒	dao	통 넘어지다
□	玩儿	wanr	통 놀다
□	注意	zhu//yi	통 주의하다, 조심하다
□	到	dao	통 ~에 미치다
□	平时	pingshi	명 평소
□	走路	zou//lu	통 길을 걷다
□	不要	buyao	부 ~하지 마라
□	再也	zai ye	이제 더는, 두 번 다시

2 ⓐ는 중국어, ⓑ는 ⓐ의 병음입니다. 빈칸에 적절한 한자 혹은 병음을 써서 문장을 완성하세요.

(1) ⓐ 我没有我爸爸那么(   )。

   ⓑ Wǒ méiyǒu wǒ bàba (   )me gāo.

(2) ⓐ 我比我哥哥矮五厘(   )。

   ⓑ Wǒ (   ) wǒ gēge ǎi wǔ límǐ.

(3) ⓐ 我很少(   )网球。

   ⓑ Wǒ hěn (   ) dǎ wǎngqiú.

(4) ⓐ 刚才被自行(   )撞倒了。

   ⓑ Gāngcái (   ) zìxíngchē zhuàngdǎo le.

3 보기 에서 알맞은 단어를 찾아 괄호를 채우세요. (보기의 단어 중복 사용 불가)

| 보기 | 再 | 比 | 少 | 被 | 没有 |

(1) 我的书(   )弟弟拿走了。

(2) 我妈妈(   )你妈妈那么年轻。

(3) 今天(   )昨天更冷。

(4) 我爸爸很(   )看电视。

(5) 我以后(   )也不喝酒了。

4 제시된 단어들을 어순에 맞게 배열하여 한국어를 중국어로 옮겨 보세요.

(1) 그는 거의 택시를 타지 않습니다.

很少 / 出租车 / 他 / 坐

_____

(2) 저는 토요일에 거의 학교에 가지 않습니다.

周六 / 学校 / 很少 / 去 / 我

_____

(3) 제 중국어 책은 남동생이 가져갔습니다.

的 / 了 / 我 / 汉语书 / 弟弟 / 被 / 走 / 拿

_____

(4) 앞으로 다시는 거기에 가지 않겠습니다.

了 / 以后 / 去 / 再 / 不 / 也 / 那儿

_____

(5) 우리 언니는 저보다 2살 많습니다.

两岁 / 大 / 我姐姐 / 我 / 比

_____

5 틀린 곳을 올바르게 고쳐 보세요.

(1) 我比他不高。

(2) 他妈妈比我妈妈很年轻。

(3) 他被自行车撞。

(4) 以后再也去了。

(5) 牛奶把弟弟喝了。

6 다음 중국어를 한국어로 옮겨 보세요.

(1) 北京比首尔更冷。

_____

(2) 我跟我爸爸一样也喜欢喝中国茶。

_____

(3) 我弟弟周末很少在家里。

_____

(4) 我的手机被妈妈拿走了。

_____

(5) 你再也不要熬夜了。

_____

宿舍门口站着一个人。

기숙사 입구에 누가 서 있어요.

✏️ 간체자 쓰기

站 zhàn 서다	` ` ⺌ ⺍ 立 刘 圹 站 站 站				
	站				
	zhàn				

猜 cāi 추측하다 유추하여 생각하다	` ` ⺋ ⺌ ⺌ ⺌ ⺌ 猜 猜 猜				
	猜				
	cāi				

羡慕 xiànmù 부러워하다	` ` ⺍ ⺌ 羊 羊 羊 美 羡 羡 羡				
	一 十 艹 艹 芦 苩 苩 莫 莫 慕 慕 慕 慕				
	羡慕				
	xiànmù				

死 sǐ 죽다	一 厂 万 歹 歼 死				
	死				
	sǐ				

图书馆 túshūguǎn 도서관 (圖書館)	l 冂 冂 冈 图 图 图 图				
	⺄ ⺆ 书 书				
	` ` ⻠ ⻠ ⻠ 饣 饣 馆 馆 馆 馆				
	图书馆				
	túshūguǎn				

祝 zhù 기원하다, 축원하다	` ` ` ` ` ` ` ` ` ` ` ` ` ` ` 礻 衤 初 初 祝 祝				
	祝				
	zhù				

快乐 kuàilè 즐겁다 (快樂)	` ` ` ` ` ` 忄 忆 快 快 一 匚 乐 乐 乐				
	快乐				
	kuàilè				

蛋糕 dàngāo 케이크	一 丆 丆 丞 丞 严 吾 吾 蛋 蛋 蛋 ` ` ` ` 丬 半 米 米 米 籵 籵 糕 糕 糕 糕 糕				
	蛋糕				
	dàngāo				

泡汤 pào//tāng 물거품이 되다 (泡湯)	` ` 氵 氵 汋 泃 泃 泡 ` ` 氵 氵 汙 汤 汤				
	泡汤				
	pào//tāng				

干杯 gān//bēi 건배하다 (乾杯)	一 三 干 一 十 オ 木 朾 柸 杯 杯				
	干杯				
	gān//bēi				

1 병음에 성조를 표시하고, 한자, 병음, 뜻을 모두 익힌 단어는 □에 체크하세요.

□	站	zhan	图 서다
□	着	zhe	图 상태의 지속을 나타내는 조사
□	手	shou	图 손
□	束	shu	图 다발
□	花	hua	图 꽃
□	刚好	ganghao	图 때마침
□	猜	cai	图 추측하다, 유추하여 생각하다
□	为了	weile	图 ~을/를 위하여
□	过	guo	图 쇠다, 지내다
□	羡慕	xianmu	图 부러워하다
□	死	si	图 죽다
□	图书馆	tushuguan	图 도서관
□	祝	zhu	图 기원하다, 축원하다
□	祝贺	zhuhe	图 축하하다
□	快乐	kuaile	图 즐겁다
□	送	song	图 선물하다
□	来	lai	图 동사 앞에서 어떤 일을 하려고 하는 적극성을 나타냄
□	块	kuai	图 조각
□	蛋糕	dangao	图 케이크
□	好	hao	图 아주, 정말로
□	又	you	图 또, 다시
□	泡汤	pao//tang	图 물거품이 되다
□	干杯	gan//bei	图 건배하다

2 ⓐ는 중국어, ⓑ는 ⓐ의 병음입니다. 빈칸에 적절한 한자 혹은 병음을 써서 문장을 완성하세요.

(1) ⓐ 那个人个子高高的，手里拿着一(　　　　)花。
   ⓑ Nàge rén (　　　　)zi gāogāo de, shǒu li názhe yí shù huā.

(2) ⓐ 他是为了给女朋友(　　　　)生日来的。
   ⓑ Tā shì (　　　　)le gěi nǚ péngyou guò shēngrì lái de.

(3) ⓐ 这个蛋糕(　　　　)好吃。
   ⓑ Zhège (　　　　)gāo hǎo hǎochī.

(4) ⓐ 减肥(　　　　)泡汤了。
   ⓑ Jiǎn(　　　　) yòu pàotāng le.

3 보기 에서 알맞은 단어를 찾아 괄호를 채우세요. (보기의 단어 중복 사용 불가)

> 보기　块　得　着　给　死

(1) 校门口站(　　　　)几个人。

(2) 他要去(　　　　)女朋友过生日。

(3) 我今天吃(　　　　)好饱。

(4) 冷(　　　　)了，我得多穿点儿衣服了。

(5) 这(　　　　)蛋糕是谁的?

4 제시된 단어들을 어순에 맞게 배열하여 한국어를 중국어로 옮겨 보세요.

(1) 할아버지 생신 축하드려요!

快乐 / 爷爷 / 生日 / 祝

_____

(2) 의자에 한 사람이 앉아 있습니다.

上 / 人 / 椅子 / 着 / 一 / 坐 / 个

_____

(3) 오늘은 때마침 개학합니다.

开学 / 刚好 / 今天

_____

(4) 그는 또 지각했습니다.

迟到 / 又 / 他 / 了

_____

(5) 이것은 당신에게 선물하는 케이크입니다.

送 / 蛋糕 / 这 / 的 / 给 / 是 / 你

_____

단어 开学 kāi//xué 통 개학하다

5 틀린 곳을 올바르게 고쳐 보세요.

(1) 祝妈妈的生日快乐!

(2) 宿舍门口站一个人。

(3) 我想给她送一个礼物。

(4) 今天他要过生日给女朋友。

(5) 今天他再没来上课。

6 다음 중국어를 한국어로 옮겨 보세요.

(1) 你猜猜她今年多大了。

_____

(2) 他羡慕他哥哥比他高。

_____

(3) 他手里拿着一本厚厚的书。

_____

(4) 这次周游北京的计划又泡汤了。

_____

(5) 妈妈的生日那天，他想送给妈妈一束花。

_____

단어 计划 jìhuà 몡 계획

MEMO

MEMO

퍼스트 중국어

2

워크북